陰陽師的日本史

齋藤英喜——著

目次

前言

即使是在耀眼的都市夜晚，當你仰望夜空、凝視繁星，會不會有一種奇妙的感覺油然而生？當城市的霓虹燈光從視野中消失，意識被漆黑的夜空吸引過去，那些原本晦暗不明的小星星開始閃亮，這會不會讓你升起一種恐懼，彷彿不知不覺間，只有自己一人漂浮在星辰遍布的宇宙間？……

星辰遍布的宇宙究竟是何時開始的？宇宙的盡頭在哪裡？星辰與人類之間又有什麼樣的關係呢？

在人類歷史上，有很多人為天體與宇宙的祕密著迷，試圖揭開人類命運與星辰之間的關聯，例如天文學家、數學家、物理學家、宇宙學家、占星術師，還有——陰陽師。

提到「陰陽師」，人們應會聯想到二十世紀末在日本列島掀起熱潮的那個形象：專門與鬼怪對決、操縱式神、鎮壓怨靈的超級魔術師。特別是安倍晴明，很多人認為他是生活在凡人與魔物之間的神祕存在。

然而，「陰陽師」其實是奈良時代日本成為律令國家[1]後，「陰陽寮」這個官署的其中一個職稱；而傳說中母親為一隻白狐的安倍晴明，也確實是活躍於平安時代中期的歷史人物。「陰陽師」的主要職務是觀察天體，判斷行星運行對國家及天皇命運的影響，占卜吉凶。根據歷史記錄，安倍晴明隸屬陰陽寮的天文部門，最初是「天文得業生」，升任「天文博士」後，負責「天文密奏」工作，即占卜國家與天皇的命運，這是一項最高機密的要職。而陰陽師的天文占星術來自中國傳入的天文學，以及陰陽、五行思想，這些思想又稱為「陰陽道」。

那麼，陰陽道又是什麼呢？在一般的概述書籍中，「陰陽道」被解釋為起源於古代中國並傳至日本的思想。然而，這種說法是錯誤的。近年的研究表明，「陰陽道」這個術語並未出現在古代中國，而是出現在日本平安時代中期，即十世紀以後的日本文獻中。因此，「陰陽道」是基於古代中國的陰陽五行說、天文說等思想，結合密教和道教，並與日本本土的神道信仰互相交融，於平安時代中期，在日本獨自發展出來的信仰、學識和技能體系。而其中的關鍵人物，正是安倍晴明。

本書聚焦於這些以解釋宇宙、天文、星象與人類關係為職責的「陰陽師」上，透過他們在各時代活動的演變，勾勒出不為人知的「陰陽師」與「陰陽道」的完整歷史。

提到「陰陽師」，大多數人會聯想到他們活躍於平安時代，但事實上，這群人物在「日本史」的各個時期都扮演著舉足輕重的角色。

因此，本書將介紹歷史上許多著名的陰陽師，從創建古代律令國家並擁有卓越「天文」才能的天武天皇開始；到平安時代的陰陽師安倍晴明；以及在「源平合戰」時期為平家占卜命運，有「預言家」之稱的安倍泰親；受到室町將軍足利義滿重用的安倍有世；戰國時代在京都最早受洗為基督徒的賀茂家陰陽師；織田信長和豐臣秀吉與陰陽師之間的關係；江戶時代的陰陽道宗長土御門泰福，以及與他關係密切的幕府天文學家澀川春海；西洋天文學與陰陽道的關係；乃至國學家本居宣長、平田篤胤與天文學的關係等。這些知名人物逐一登場的同時，他們鮮為人知的一面也會在與「星象」的關係中浮現出來。陰陽師活躍的歷史，還會更新我們對「日本史」的刻板認識，提供嶄新的視角。

這是一部戲劇，訴說漆黑夜空中閃爍的星辰，與人類之間千絲萬縷的關係。這些星辰究竟在向我們訴說什麼？且讓我們靜心聆聽吧！

1 譯註：模仿唐國的中央集權體制，主要依據律法（刑法）與令（行政法）治理國家。

第一章　什麼是「陰陽道」？

多數人認為「陰陽道」是起源於古代中國的外來思想，亦即中國的陰陽道傳入日本後，逐漸日本化並定型下來，而且主張其核心思想為解釋自然生成與發展的陰陽五行說，以及由此而來的占卜、咒術與天文占星術。

的確，陰陽五行說是古代中國的思想，天文占星術也是在中國發展起來的。然而，「陰陽道」這一術語本身並未在中國文獻中出現，事實上，它最早是出現在日本的文獻中，時間則是平安時代中期的十世紀以後，例如，天慶五年（九四二）藤原通憲（信西）編著的《本朝世紀》，就是最早出現「陰陽道」一語的文獻。

最近的研究表明，「陰陽道」是結合了中國的陰陽五行說、天文說、占術，以及道教、密教和日本神祇信仰等多種元素，在日本獨自創造出來的思想、祭祀方法和咒術（山下克明，一九九六年、二〇一〇年）。陰陽道是日本獨創的說法，已經成為學界的定論。

陰陽道的創立者之一，便是這位因電視劇、小說和電影而鼎鼎大名的陰陽師安倍晴明（九二一～一〇〇五年）。歷史上的確有安倍晴明這號人物，而且就與藤原道長、清少納言、紫式部等平安貴族文化代表人物生活在同一個時代。

關於安倍晴明所進行的陰陽道咒術、占卜、祭祀等活動，將在下一章詳細介紹，這裡就先探討「陰陽道」成立之前的歷史契機，特別是它與「天文」世界的關係。換句話說，先讓我們探索「陰陽道的前史」。

1 探索「陰陽道的前史」

僧侶引入知識，成為陰陽道之濫觴

如前所述，「陰陽道」這個術語並不存在於中國，而是在日本平安時代中期形成的。然而，其基礎思想——陰陽五行說、天文說、曆法、占術等，是在六世紀中期由中國經朝鮮半島傳入日本的。

根據古代正史《日本書紀》的記載，欽明天皇十四年（五五三），朝廷向百濟[1]請求派遣「醫博士」、「易博士」、「曆博士」，並要求送來最新的占卜書和曆書。次年，百濟派遣各類博士來到日本。後來，推古天皇十年（六〇二），一位法號觀勒的百濟僧人來到日本，帶來了「曆本」、「天文地理書」、「遁甲方術書」。朝廷挑選出各專門領域的學習者，名為「書生」，讓他們鑽研這些學問，進而變成自己的「專業」。而這些曆書、天文書與方術書等知識，正是構成陰陽道的重要部分。

就這樣，構成「陰陽道」的基本學問、思想與技能，早在七世紀初便已傳入日本。而將天文、曆法、方術等書籍帶到推古王朝的不是官員和學者，而是僧侶，這點頗有意思。

一般認為僧侶是傳播佛法的人，但在古代社會中，僧侶不僅傳播佛法，也承擔起當時誕生於東亞的最新學問、知識、信仰和技能的傳播者角色。順帶一提，佛教也是在欽明天皇時代傳入大和朝廷的，史稱「佛教公傳」。佛教以東亞世界的知識與信仰潮流之姿傳入了大和朝廷。

七世紀初，天文、曆法、占卜等最新知識與技能傳入大和朝廷後，將之發揚光大並融入國家體系中的人物，正是天武天皇。

堪稱「魔術王」的天武天皇

七世紀中期，天智天皇（六二六～六七一年）的皇子大友皇子，以及天智天皇的

1　譯註：又稱南扶餘，是古代朝鮮半島西南部的國家。

弟弟大海人皇子，兩人之間爆發皇位繼承爭奪戰。這場爭奪戰捲入了眾多豪族，最終發展成古代日本最大的一次內亂，史稱「壬申之亂」（六七二年）。

起初處於劣勢的大海人皇子陣營，透過與大和地方豪族的結盟，有效壓倒大友皇子的勢力，最終逼迫大友皇子自殺，取得了勝利。於是，大海人皇子於飛鳥淨御原宮即位，成為天武天皇（？～六八六年）。

即位後的天武天皇，大力整備從中國引進的律令，組織國內的豪族，讓他們成為治理國家的官僚，目標是創建以天皇為中心的中央集權國家。此外，他還整備了以供奉皇祖神天照大神的伊勢神宮為首的神祇組織，統制寺院和僧侶，將佛教定位為鎮護國家的手段。他在創建律令國家的過程中，更展開了記錄國家起源與歷史的編纂工作，最終成就出《日本書紀》（七二〇年）與《古事記》（七一二年。但另有其他說法）。

天武天皇還設立了名為「陰陽寮」的機構，建立可觀測天體運行以占卜吉凶的「占星台」設施，這些舉措奠定了「陰陽道」形成的基礎。

然而，天武天皇與陰陽道的關係可不僅於此。據《日本書紀》記載，天武天皇是個「善天文遁甲」之人，可說是個「魔術王」。他之所以能在壬申之亂中獲勝，正是因為精通與天體溝通的祕技，即「天文遁甲」之術。這些到底是什麼樣的技能呢？

據說在這場爭戰中，有這樣一段故事。

在吉野舉兵的大海人皇子（天武天皇）試圖在現今三重縣名張市一帶招兵買馬，但結果不如預期。他在抵達一個叫做橫河的地方時，突然天空湧現黑雲。大海人皇子隨即使用「式」進行占卜，並說道：「此乃天下將分之兆，終當吾得勝也。」占卜結果讓大海人皇子陣營士氣大振，最後取得了勝利（《日本書紀》，天武天皇元年六月）。

當時大海人皇子使用的「式」占卜，是用一種名為「式盤」的工具進行。這種占卜方法是將象徵「天」的天盤與象徵「地」的方盤疊在一起旋轉，透過盤面上記載的北斗七星、十干十二支、八卦、二十八宿和十二月將等天界的星宿和星神來進行占卜。

簡而言之，「式盤」是一種測定「天」的情況，解讀其將對「地」造成何種影響的工具。使用式盤進行的占卜稱為「式占」。根據式盤的特性分為太一、遁甲、六壬等三種（小坂真二，二〇〇四年）。天武天皇擅長的是「遁甲」式盤。順帶一提，陰陽師使用的「式神」也與這種式占有關，這點將在下一章詳細說明。

「陰陽寮」的職位與任務

由天武天皇所創建的律令國家，透過大政官與神祇官等官僚組織來治理國家，其中的一個官僚組織便是「陰陽寮」。

根據奈良時代制定的律令，陰陽寮編制在負責天皇身邊事務、屬於祕書性質的「中務省」管轄下。該組織由長官「頭」、次官「助」、三等官「允」、四等官「大屬」和「小屬」等事務官組成，此外還有專門技術官，包括(1)陰陽博士、(2)天文博士、(3)曆博士、(4)漏刻博士等教授職，其下再分別設置「學生」十人。在這些人之外，另設有「陰陽師」六人。「陰陽師」是「陰陽寮」這個官署裡的一個職稱。安倍晴明就是在康保四年（九六七）成為陰陽師的。然而，平安時代的陰陽師與奈良時代的陰陽師在職位與任務上有所不同，這一點將在後文詳細探討。

奈良時代律令所規定的「陰陽師」職務，主要是使用式盤進行占卜，而且是針對國家與天皇相關的事務。他們還負責「相地」，即在建設宮殿或寺院時，占卜地理風水的吉凶，堪稱是占卜專家。「陰陽博士」負責教育未來將成為陰陽師的學生。「曆博士」的職責是每年製作（造曆）和頒布（頒曆）次年的「曆法」，簡單說就是負責編製每年的日曆。貴族便依據曆博士製作的「曆法」來決定各種宮廷活動的日程。現代的太陽曆（新曆）基本上有十四種格式的曆法，可以重複使用。但太陰太陽曆（舊曆）的製作需要極為複雜的計算和曆法理論，而且只能使用一次，因此每年都需要重新計算，才能製作出符合當年需求的曆法和日曆（湯淺吉美，二〇〇九年）。

「漏刻」部門負責使用漏刻（水鐘）來測量時間，並由「守辰丁」這個職務人員來敲鐘鼓報時。換言之，相對於制定曆法，其工作內容是實際測量和管理「時間」。

製作曆法與測量、通報時間，原本就是國家統治者天皇的專屬職責。每年向全國人民頒布曆法這件事，意味著統治領域內的所有人皆共享同樣的「時間」，也象徵著皇帝（天皇）在天命之下對時間和空間進行掌控（山下克明，一九九六年）。

因此，陰陽寮的任務是代替天皇執行這些職責。根據律令規定，曆博士以天皇的名義向內外各司頒布一百六十一卷曆法。後來，製作曆法並代天皇頒布的任務，逐漸被負責「曆道」的賀茂氏家族所獨占。

「曆道」部門的任務是測量天體的運動規律，並確定曆日；而「天文」部門的職責則是觀測天體的運動，找出與運動規律不同的現象，並占卜其意義。換言之，他們是一群占星術師。

在天文博士的指導下，天文生們使用渾天儀等天體觀測工具，於戌刻（午後七時至九時）和寅刻（午前三時至五時）進行兩次觀測。如果發現星象異常，必須上報天文博士，由博士根據天文占星術書籍進行占卜判斷，若是判斷為凶事，必須祕密向天皇稟奏，稱為「天文密奏」。歷史上的安倍晴明也曾以天文博士的身分執行「天文密奏」（詳見第二章）。

當時天文部門使用的占星術書籍，包括《史記》的〈天官書〉、《漢書》與《晉書》的〈天文志〉、《三家簿讚》及《韓楊要集》等。記錄顯示，安倍晴明隸屬於「天文」部門，年輕時期擔任天文生，負責觀測星象。當時沒有望遠鏡，是使用渾天儀等工具以肉眼觀星。

作為最高機密的天人感應思想

那麼，後來發展為「陰陽道」思想核心的是什麼呢？一言以蔽之，就是所謂的「天人感應說」。這又是一種什麼樣的思想呢？

天人感應說是西漢武帝時期（前一四一～前八七年）的儒學家董仲舒（前一七六～前一〇四年左右）將經學與陰陽五行說相結合的思想。他認為天體現象是「天」給地上統治者的前兆，同時認為統治者的行為也會反過來影響天體現象。亦即「天與人之間存在著深刻的相互感應關係」（藪內清，一九九〇年）。

因此，天體現象的異變被視為天上的主宰者（天帝）對地上的統治者（天子）所下達的預兆，因此，地上的統治者必須時時監測天體運行是否異常。這個監測機關就是「陰陽寮」，特別是其中的天文部門。換句話說，可以把陰陽寮當成一個中介單位，負責代替領受天命而統治國家的天子（天皇），解讀上天所發出的訊息，因此陰陽寮才會隸屬於負責處理天皇身邊事務的「中務省」。

在這個時代，擁有「天文」知識，特別是占星術知識的人，多為僧侶。正如先前所述，帶來最新思想與技術的人，正是僧侶。因此，當時擁有「天文」知識的僧侶皆受到嚴格的禁制。如果進行天文觀測或占卜的行為曝光，他們的僧侶身分將被剝奪，並被勒令還俗（「僧尼令」）。有些擅長天文的僧侶還俗後便成為陰陽寮的官員（橋本政良，一九七八年）。

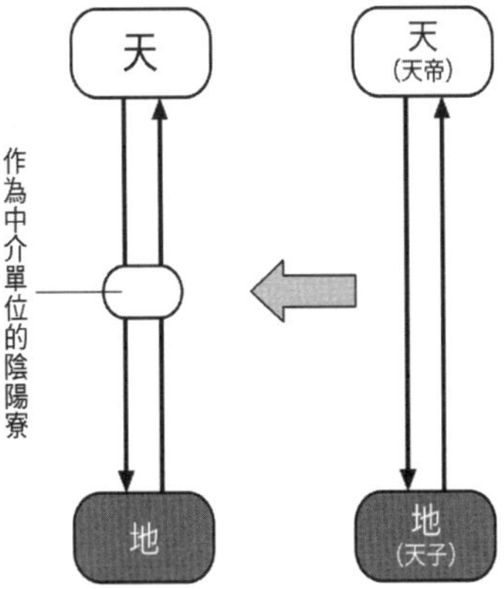

陰陽寮之概念圖。

另一方面，朝廷禁止一般貴族私藏以下物品：

- 玄象器物（如銅渾儀等天體觀測工具）
- 天文書（《日月五星占圖一卷》、《五星二十八宿占一卷》、《二十八宿圖三卷》等天文占書）
- 圖書（《河圖一卷》、《河圖龍文一卷》）
- 讖書（記載未來預兆的書）

• 兵法書（《太公六韜》、《黃石公三略》等）
• 七曜書（記錄天體中日月五星位置的書物）
• 太一、雷公式（占術工具「式盤」，以及記載該占卜方法的占術書）

私下學習這些知識也被禁止，違反者將處以「徒一年」（「五刑」之一，即監禁並強制勞動）的刑罰（「職制律」）。因此，「天文」知識由陰陽寮獨占。

此外，陰陽寮內部也必須細心防範「祕書」和天體觀測工具、天文占卜書等外流。學習天文觀測的天文生禁止閱讀「占書」，也禁止洩漏觀測結果（「雜令」）。

這重重禁令正反應出：「陰陽寮掌管陰陽、曆數，乃國家重要機關……」（《續日本紀》，天平寶字二年〔七五八〕八月）。當時的占星術是涉及國家命運的最高機密。陰陽寮的所有官員堪稱「國家占星術師」集團。用現代的語言來說，就是具國家公務員身分的占星術師。

何謂「天文異變」？

那麼，陰陽寮要監測哪些「天文」的異變呢？重中之重是日蝕、月蝕、彗星和流星。他們認為這些現象是天對地所示現的某種預兆。尤其是日蝕被視為不祥之兆，一旦發生，會以草席遮蔽天皇的住所（黑田日出男，一九九三年）。後來隨著天文曆數技術的進步，透過天文計算也能夠預測日蝕的發生，只是時間一久，曆書逐漸陳舊，日蝕的預測也就不準了。這正是江戶時代「改曆」問題的起因（詳見第四章）。

日蝕與月蝕並不常發生，但有一種天文異變倒是十分常見，就是「行星合犯」現象。

行星的「犯」、「合」，指的是行星之間看上去十分接近。當接近的角度在〇・七度以內稱為「犯」，超過〇・八度稱為「合」（角距離表示兩顆星星之間的距離，數值越小表示距離越近）。尤其當視覺上星星進入月亮裡面時稱為「星蝕」，早在《日本書紀》中，已有「客星入月」（皇極天皇元年〔六四二〕）及「熒惑入月」（天武天皇十年〔六八一〕）等記載。

這類行星的合犯被視為天變，必須用占星術書籍來占卜涵義（齊藤國治，一九八二年）。順帶一提，西洋占星術則稱行星的合犯為「行星合相」。

當然，星群之間，或是行星與月亮之間看上去十分接近的現象其實很常見，在現代天文學中一點都不稀奇。

例如，平成十六年（二〇〇四）十一月五日凌晨五時，發生金星與木星在東方看上去十分接近的現象。接近黎明時刻，雙星重疊而熠熠生輝，但如果安倍晴明占卜此現象，會預測成「軍隊敗北，水害」（《晉書．天文志》），當成大災禍臨頭的前兆。那一年，日本確實遭遇了水災，自衛隊也被派往伊拉克。如果是在平安時代，這樣的占卜結果會密奏天皇。他們使用的占星術基本圖書包括《史記》的〈天官書〉，以及《漢書》、《後漢書》、《晉書》的〈天文志〉。古代中國描寫英雄豪傑大顯身手的歷史書，其實在開頭部分往往也是占卜的指南書，顯見作者認為歷史是依照占星術而進行的。

從中國傳來的占星術主要是占卜國家和國王的命運，稱為「國家占星術」。另一方面，觀察星象來占卜個人命運的「個人占星術」，無論知識或方法皆不同於中國，主要來自印度，後來稱為「宿曜道」。它與陰陽道相關聯，專門鎖定「個人」命運和救贖，是從平安時代中期開始發展的（詳見第二章）。

換言之，「陰陽道」的形成，與從國家問題轉向關注「個人」救贖的信仰變化有關。這一變化的代表人物便是平安時代中期的安倍晴明。

2 負責咒術與祭祀的陰陽師

「驅鬼除魔」的陰陽師

電視與電影中的陰陽師，往往呈現出對抗鬼怪、操縱式神、封印惡靈、打回詛咒等咒術師的形象，由於戲劇是虛構的，這樣的形象難免過度誇張，但歷史上的陰陽師確實參與了「驅鬼」儀式。這個儀式始於奈良時代，每年十二月除夕夜舉行，稱為「大儺儀」（後稱「追儺」，且以下皆稱「追儺」），是一種來自中國的驅鬼儀式。沒錯，這正是日本現代「節分」的起源。每年二月三日節分的「撒豆驅鬼」儀式，是從室町時代開始的（《臥雲日件錄》）。

那麼，為什麼是在十二月的除夕夜舉行追儺呢？原因是根據「陰陽」學說而來的。後漢時代的儒者鄭玄認為，年末之際陰陽平衡會遭到破壞，導致「癘鬼」橫行害人，因此要進行「儺」來驅鬼（《政事要略》卷二十，引文〈鄭玄注〉）。也就是說，追儺所驅逐的疫鬼不是外部侵入的，而是因為歲末陰陽平衡失調而出現的。原因就是陰陽平衡失調，時間就發生在曆法變更的交接期。

因此，驅逐此時出現的疫鬼，當然就是「陰陽」專家陰陽師的任務了，因為追儺所驅逐的疫鬼，與「季節」、「曆法」、「方位」等陰陽道的世界觀有關。

順帶一提，後世的鬼怪形象變成頭上長角、穿著虎皮圖案的褲子，也是基於陰陽學說的方位。鬼怪出現的方位為「丑寅」（東北），這個方位被認為是鬼門。

那麼，追儺是如何進行的呢？陰陽師又是如何驅鬼的呢？讓我們回到古代的追儺現場一探究竟吧。

十二月除夕夜——追儺之夜

十二月的除夕夜，天皇在紫宸殿的南庭進行政治和儀式活動，眾多皇親國戚、文武百官聚集於此。負責驅鬼的官員「儺人」手持桃木弓、葦箭和桃木杖來驅逐惡鬼。領頭的是稱為「方相氏」的驅鬼人，頭上戴著擁有四隻金黃眼睛的面具，身穿黑衣紅裙，手持巨盾與長戈。後面跟隨著一群穿著藍布衣、繫上紅頭巾的童子，稱為「侲子」。

儀式開始後，方相氏一邊用長戈擊打盾牌，一邊高喊：「追儺！追儺！」隨行的侲子和朝廷百官也跟著一起高喊：「追儺！追儺！」這個過程稱為「儺聲」，即透過大聲喊叫來驅趕惡鬼（大日方克己，一九九三年）。以現代的白話文來說，相當於高喊：「鬼出去！鬼出去！」當惡鬼被趕到皇宮的門外，最後會由朝廷官員一起朝惡鬼射箭。

方相氏與被驅逐的惡鬼。惡鬼手中拿著「味物」[2]。（摘自《政事要略》）。

值得注意的是，這些弓箭是用「桃枝」與「蘆

於平安神宮重現追儺儀式。官員射出桃枝弓箭。

鎮座於晴明神社的「仙桃」。

葦」製作的。「蘆葦」具有淨化穢氣的力量，「桃」則是古代中國道教信仰中的靈果，中國的仙人會吃桃子來追求長生不老。換言之，桃子能夠驅邪、維持健康並延年益壽，被視為仙果。關於桃子作為仙藥的記載，出現在四世紀的道教經典《抱朴子》等書籍中。追儺就是使用桃枝製作的弓箭來驅趕邪氣，也就是驅鬼。

順帶一提，那個驅除鬼怪的少年是從桃子誕生而被稱為「桃太郎」，也是與這種信仰有關。驅除鬼怪的少年一定是桃太郎。民間故事裡並沒有驅除鬼怪的西瓜太郎

2 譯註：通常是食物或其他吸引惡鬼的東西。

或蘋果太郎。

此外，《古事記》與《日本書紀》的神話中，也有伊邪那岐從黃泉國逃回來，並丟桃子趕走黃泉鬼女的故事。幫助伊邪那岐的桃子，還獲得伊邪那岐賜名為「富意加牟豆美命」，要它們看到世人受苦時便挺身相助（《古事記》）。這正是桃太郎故事的起源。此外，陰陽師熱潮帶動京都堀川通上的晴明神社一舉成名，那裡也有一顆能消災解厄的「仙桃」。

陰陽師祭文中的「鬼」

那麼在追儺儀式中，陰陽師究竟扮演什麼樣的角色呢？陰陽師在方相氏與朝廷官員驅鬼之前登場，朗誦驅鬼祭文。所謂「祭文」，就像神社神主朗讀的祝禱詞一樣。

陰陽師朗誦祭文，召喚主宰季節、自然界與冥界的道教系神祇，請求祂們保護驅鬼的宮廷人員，同時也會祈請神祇官所奉祀的神明稍安勿躁。當這些守護措施到位後，接著是驅鬼文登場。

穢惡疫鬼，隱藏於各處村落巖石之中者，請爾等遷往千里之外，四方之界。東至陸奥，西至遠津值嘉，南至土佐，北至佐渡之乎知，乃爾等疫鬼之所也。吾等將賜予五色寶物，海山種種美味食物。請速離去。若懷奸心而隱匿者，大儺之公、小儺之公，將率五兵追趕並誅殺之。

（《延喜式》卷十六）

陰陽師不會一味地驅逐或殺死鬼怪，而是先行說服，告訴它們已經在日本國外為它們建造了居所，並準備了豐富的食物，勸說它們安靜地離開。但如果有鬼怪不聽勸告，隱藏不出，懷有惡意，才會加以威脅：「那麼恐怖的方相氏們就會手持巨盾和長戈，把你們一個一個找出來，格殺殆盡！」陰陽師的任務不是將鬼怪視為壞蛋而趕盡殺絕，而是先用食物來說服它們。

順帶一提，現在節分時的撒豆儀式，那個「豆」也是給鬼怪吃的食物，用意是：「我給你豆子吃，請你乖乖離開。」

從陰陽師的祭文中可以看出，追儺儀式中的「鬼」不盡然是被驅逐的對象，它們也是被奉祀的存有。這種奉祀食物的想法，反映出日本神祇信仰的特點。那些給人們帶來災厄的疫病，以及可怕的怨靈、御靈，都被當作「神」來奉祀。在陰陽師的祭文中，鬼被稱為「穢惡疫鬼」，是疫神的一種。

古代宮廷中，有一個專門負責祭祀神祇的部門，稱為「神祇官」。而在神祇官內部，有一個稱為「卜部」的職掌（負責占卜、驅邪與咒術），該氏族負責舉行每年的疫神祭祀儀式，稱為「道饗祭」。

意謂：卜部等於京城四隅之道路上祭之。意圖：欲使外來鬼魅不敢入於京師，故預於道路迎饗而遏之。

（《令集解》卷七，〈神祇令〉）

儀式的進行方式，是在都城四方的道路上迎接從外面來的疫神，並以食物款待它們，然後送走它們。也就是先向疫神供奉祭品，當作神祇來祭祀，然後送走它們。陰陽師所參與的「追儺」儀式原本是從中國傳入日本的，但在傳入日本後，受到神祇官所進行的疫神祭祀所影響，於是逐漸日本化，追儺的惡鬼就變成「被奉祀的鬼」了（齋藤英喜，二〇一二年a）。順便一提，在中國進行的「儺」儀式中，會有十二尊跟隨著方相氏的神獸將鬼吃掉（《後漢書》）。

在追儺儀式上朗誦祭文的陰陽師。

被驅趕的鬼與被祭祀的鬼

日本民俗社會中，有些地方在節分時不喊「鬼出去～」，而是喊「鬼進來～」。例如在奈良縣吉野郡天川村的「天河神社」，節分時會喊：「鬼進來！福進來！」這是因為天河神社的宮司一族都是鬼的後裔。這裡的鬼被視為是修驗道始祖役行者[3]的侍從「前鬼」、「後鬼」。修驗道是一種在深山中修行以獲得治癒人們疾病等法力的宗教。因此，也有一說認為鬼原本是山神。

另外，在愛知縣「奧三河」山間村落地區，每年冬天都會舉行「花祭」，也會有鬼神登場。在神社境內起一口爐灶，放置大鍋將水煮沸，村民整夜圍繞這鍋沸水跳舞（稱為「湯立神樂」），最高潮的部分是戴著鬼怪面具的「榊鬼」登場。此時，人們會熱情地高喊：「鬼大人！鬼大人！」與鬼一起狂舞。此外，人們還會請榊鬼踩踏自己身體不適的部位以求治癒。這裡的鬼並不是人們驅趕的對象，而是被當作神一般來尊敬，不過，如果對鬼神怠慢，將招來嚴重的災禍。

讓我們重新回到追儺現場。追逐惡鬼的是戴上鬼怪面具的方相氏。然而，史料顯示，方相氏的角色隨著時間發生了變化。十世紀左右的追儺儀式中，原本宴饗的對象

3　譯註：飛鳥時代至奈良時代的知名咒術師，世稱「役小角」，又稱「役行者」。

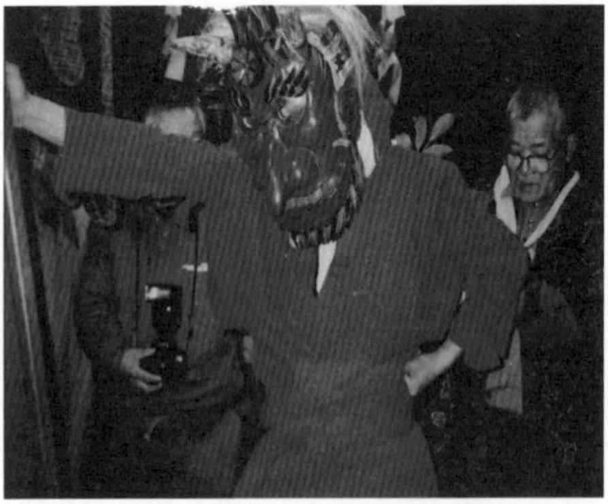

花祭時登場的「榊鬼」。愛知縣豐根村。

是惡鬼，卻變成了追逐惡鬼的方相氏（《權記》）。這意味著，方相氏被當作鬼怪一樣來「祭祀」，這種做法聽起來有些奇怪，但到了十一世紀，宮廷中的人群甚至會向方相氏射箭（《江家次第》）。十四世紀，方相氏已明確地扮演起「鬼」的角色（《建武年中行事》）。負責追逐惡鬼的方相氏似乎逐漸被認為是惡鬼本身（野田幸三郎，一九五三年）。可能是人們將看不見的惡鬼套在扮成惡鬼模樣的方相氏身上了。

事實上，戴上金色四眼面具的方相氏模樣確實與鬼怪無異。在中國，方相氏是從事葬禮儀式的人，是接觸死亡的不淨之身。因此，驅逐鬼怪者，最終轉變為鬼怪，等於具備了鬼怪與驅鬼者的「雙重性」。

現在，京都的吉田神社與平安神宮，每年都會重現古代的「追儺」儀式。在吉田神社，方相氏與被追逐的惡怪會同時登場。而在平安神宮，則忠實重現了平安初期的文獻記錄，由陰陽師朗誦祭文，方相氏等人齊聲高喊：「追儺（鬼）！追儺（鬼）！」追趕看不見的惡鬼。

我曾經觀賞過平安神宮的追儺儀式，當時一名看起來像是母親的女性指著方相氏，告訴孩子們：「那就是鬼啊！」換句話說，方相氏的雙重性也在現代「重現」了。

從神祇官與僧侶的輔佐角色，發展至獨立進行祭祀活動

除了追趕惡鬼的「追儺」之外，陰陽師從事的祭祀與咒術又是什麼呢？舉例來說，平安時代初期，令許多人感到恐懼的早良親王怨靈事件中，就有陰陽師登場。

延曆四年（七八五）九月，桓武天皇的弟弟早良親王因有暗殺藤原種繼[4]之嫌，被流放至淡路島。一路上，他不斷訴說自己是無辜的，最後自殺，遺體埋葬在淡路島。這起事件的背後，似乎涉及桓武天皇與早良親王的皇位繼承之爭。後來，早良親王的御靈作祟，威脅到平安京的皇族和貴族。這就是著名的早良親王怨靈傳說。

人們認為死後的早良親王變成可怕的怨靈，因此延曆十九年（八〇〇），朝廷追封他為「崇道天皇」，稱他的墳墓為「山陵」，這個過程中就有陰陽師的參與。

率陰陽師及眾僧，於淡路國鎮謝崇道天皇之山陵。

（《類聚國史》卷二十五）

4 譯註：奈良時代末期的公卿，桓征天皇當時的心腹。

記載中提到，陰陽師與僧侶共同進行「崇道天皇」山陵的鎮謝儀式。僧侶負責安撫「靈魂」，陰陽師則負責土地的鎮靜儀式。值得一提的是，延曆十六年（七九七）也有陰陽師進行「山鎮」的記載（《類聚國史》）。土地的鎮祭屬於陰陽師的職責。

有趣的是，陰陽師並非單獨進行祭祀，而是與僧侶搭檔。這種搭檔關係有時也可能是與神祇官的官員合作，如「使神祇官、陰陽寮解謝之」（《續日本後紀》承和十年〔八四三〕五月）。

在這個時代，陰陽師通常不是單獨行動，而是擔任僧侶或神祇官的輔佐角色或代理人。後來，他們逐漸發展出僧侶和神祇官無法進行的陰陽師獨有祭祀與咒術。例如，九世紀中葉的一則記事提到：

> 遣外從五位下陰陽權助兼陰陽博士滋岳朝臣川人等，於大和國吉野郡高山修祭禮。董仲舒祭法云：「螟害五穀，於害食之州縣清淨處解之、攘之。」故用此法。
>
> （《日本三代實錄》貞觀元年〔八五九〕八月）

這則記事是說，陰陽博士滋岳川人及其他一些人，奉命在大和國的高山舉行驅除害蟲的祭祀。這似乎是由陰陽寮的官員單獨進行的，而且值得注意的是，這次祭祀依據的是「董仲舒祭法」。

前面介紹過，董仲舒是前漢武帝時期的儒學家，他將「天人感應說」予以系統化，並著有《春秋繁露》等書，但無法確認是否有關於「祭祀法」的著作。不過，據說陰陽師依據陰陽五行說來舉行祭祀，並且取得了成效（山下克明，二〇一〇年）。陰陽寮的官員在執行宮城四角鬼氣祭、防解火災祭、代厄御祭等祭祀時，常引用《董仲舒祭書》、《董仲舒祭法》作為典據。這些著作似乎是假託董仲舒之名，但確實已經成為陰陽師祭祀的重要典據。因為不僅是祭祀，陰陽師在進行占卜或曆法註釋時，也需要以名為「本文」、「本條」、「本書」的文本為依據（山下克明，一九九六年）。

陰陽師進行祭祀時，需要「陰陽道」特有的祭祀法典據，才能與祭祀專家如神祇官的官員、中臣、忌部、卜部等相抗衡。中臣與忌部引用《日本書紀》、《律令》或《古語拾遺》等文本作為祭祀典據，文中記載了祭祀的起源與由來，具神話意味。而這些神話性文本並非原典，有時是祭祀執行者透過自己的解釋及註釋而重新創造出來的（齋藤英喜，二〇一二年a）。

果真如此，那麼陰陽師的《董仲舒祭法》或許也是一種「杜撰的神話」，用來講述他們特有的祭祀由來與起源。所謂的《董仲舒祭法》，推測是陰陽師與僧侶、神祇官的合作過程中，陰陽師有意區別彼此的不同、確立自己的定位而創造出來的。

陰陽師進行的祭祀與咒術中，最重要的是以個人為對象的「祓」。

從國家級的「大祓」，轉向私人的「咒詛祓禊」

古代時期的日本，國家會在六月與十二月的最後一天舉行「大祓」儀式。官員和女官們在朱雀門前集合，由中臣誦讀「大祓祝詞」，然後將個人的罪孽及污穢，移轉到卜部分發的御麻上，讓它流走以消除罪穢。這是一種國家級別的祓禊儀式。順帶一提，天皇、皇后和皇太子會另外在宮中祕密舉行「御贖儀」（後稱「節折」）的特別儀式（參見第二章「靈劍的咒術與陰陽師」）。

有趣的是，從十世紀後半開始，這種國家儀式逐漸形式化、形骸化而衰退下去。記錄顯示，不斷有公卿無人出席（《小右記》，天元五年〔九八二〕），或者因女官遲到使儀式推遲到夜晚（《左經記》，寬仁三年〔一〇一九〕）的情況發生。也有女官們以「個人障礙」為由而缺席「大祓」的例子（次田潤，一九二七年）。

一般認為平安時代的貴族對「污穢」、「不淨」等十分敏感，幾乎到了神經質的程度。那麼，為什麼這些貴族對參加祓禊儀式的態度變得如此消極呢？事實恰恰相反。貴族越是神經質地忌避污穢，越是在意個人身上的障礙、罪過及污穢，便越覺得「大祓」這種國家級別的儀式無法清除他們個人的障礙及污穢。這是因為「平安京」這個都市社會發展得相當成熟，住在都市的貴族早就意識到「大祓」這個國家級儀式根本無法清除個人生活中的污穢。

那麼，神祇官的中臣或卜部，能夠幫這些貴族進行私人的祓禊嗎？這點有困難。事實上，神祇官的官員們為了完成眾多的國家祭祀任務，不能涉入貴族私生活中產生的各種污穢。為了執行國家祭祀，神祇官的官員必須保持極度的「清淨」，因此不能進行私人的祓禊儀式（岡田莊司，一九八四年）。

於是，陰陽師代替中臣上場了。清少納言的《枕草子》與紫式部的《源氏物語》同為王朝文化的知名代表作，其中便有這樣一段文字：

令善言詞之陰陽師，赴河原行咒詛祓禊。

（《枕草子》三十一段，「愉悅之事」）

請擅長朗誦祓禊祭文的陰陽師到河邊進行「咒詛祓禊」，這是多麼令人「愉悅之事」，亦即讓人心情舒暢。「咒詛」就是詛咒，而這裡的「咒詛」，與其說是被人下了某種詛咒，更像是造成感覺不好或身體不適的原因。換句話說，應該是一種近似於治療疾病的行為吧。

於是，自十世紀末至十一世紀期間，貴族在私生活中所遭遇的疾病、分娩、死穢，以及詛咒相關的祓禊儀式，逐漸由陰陽師一手包辦。此時出現的「陰陽師」，不再僅僅是陰陽寮這個律令國家的官員，而是超越了這一身分，成為負責私人咒術祭祀的特殊宗教從業人員。就這樣，「陰陽道」這種超越律令國家官署陰陽寮的新咒術宗教誕生了。

接下來要介紹的是與紫式部、清少納言同時代的陰陽師，沒錯，正是安倍晴明。

3 安倍晴明之謎

安倍晴明只是個普通官員？

安倍晴明究竟是個什麼樣的人？至今仍有許多未解之謎。相傳他的父親名叫安倍益材，母親身分不詳，後世傳說她是信太森林裡的一隻妖狐，但顯然是杜撰的。他生於延喜二十一年（九二一），正值古代律令國家體制開始產生變化的時期；卒於寬弘二年（一〇〇五），享年八十五歲，這在當時是超乎常人的超級長壽了。值得一提的是，直到去世那一年，安倍晴明仍在為藤原道長與一條天皇的中宮[5]藤原彰子擔任陰陽師，真正是終身現役到最後一刻。

鎮座於京都晴明神社的「安倍晴明公」像。

在小說、漫畫、電視和電影裡，安倍晴明多被描繪成有幾分虛無、神祕氣質的年輕貴公子，然而，歷史記錄上從未提及他的年輕時代。至於那些說他少年時期曾預知鬼怪來襲並救了恩師，或是應貴族請求以式神之術殺死青蛙的軼聞，都是在他死後，平安末期編纂完成的《今昔物語集》中的故事。另一則有趣的傳說是這樣的，安倍晴明在擔任大舍人（天皇近侍的小官員）時，某日在瀨田橋邊，一名叫茲光的男子告知他日後將成為「一道達者」，於是他去拜「陰陽師具曠」為師，但遭到拒絕。安倍晴明不死心，後來去拜訪「賀茂保憲」時，賀茂保憲立即看出他「面相不凡」而收他為徒。這個故事出現在鎌倉時代十三世紀編纂的《續古事談》（卷五）中。

另一方面，從安倍晴明生前那個時代的史料中可以確認的第一筆記錄，是他在四

5 譯註：相當於皇后，一條天皇另有皇后藤原定子。

十歲時以陰陽寮的「天文得業生」身分，參與了重鑄天皇守護靈劍的「五帝祭」。在此之前則無任何相關記錄。四十歲才成為「學生」，以當時的通常學制和官吏晉用的路徑來說，算是相當晚了，推測他在成為天文生之前，應該經歷了種種人生曲折（武田比呂男，二〇〇二年）。他是直到五十二歲時才升任「天文博士」，堪稱大器晚成。

因此，從該時代的史料浮現出的安倍晴明形象，與電影、電視、小說中的年輕咒術超級明星截然不同，反而更像是一個樸素、老實的陰陽寮小官員。與鬼怪鬥法、封印惡靈的魔法師形象純屬虛構。

可是，如果真是這樣，那麼為何一個樸素老實的小官員，會在後世被人們傳誦為一位天才陰陽師呢？大家都有這樣的疑問吧？歷史上的安倍晴明，難道真是一個每天只做例行公事的「普通官員」（田中貴子）嗎？

「道之傑出者」、「陰陽道達人」

記載安倍晴明活動的同時代史料如下，歷史學上稱為「古記錄」：

- 平親信的《親信卿記》
- 藤原實資的《小右記》

・藤原行成的《權記》
・藤原道長的《御堂關白記》

在這些貴族的日記中，安倍晴明出現的情景包括密奏天體異變、占卜怪異現象、選定行事日期，以及參與鬼氣祭、熒惑星祭、泰山府君祭、反閇、追儺、玄宮北極祭等陰陽道的祭祀與咒術活動。這些記錄顯示出他為朝廷、天皇和貴族從事例行活動的「官員」形象。從同時代史料來看，安倍晴明不過是個極其普通的官員罷了。這是歷史學的觀點。

然而，深入閱讀這些史料，我們逐漸會看出他有別於只是按表操課的「普通官員」的另一面。

例如，天皇或貴人外出時，有一種稱為「禹步」的神祕步法，用於驅除貴人行走之地的邪氣，這是陰陽道的咒術作法「反閇」。長保二年（一〇〇〇）十月，一條天皇首次進入新建的皇宮時，安倍晴明採用不同於先例的作法來進行「反閇」。儘管違反了先例，但當時的人們仍讚譽他為「（陰陽）道之傑出者」（《權記》）。這在一切均需依照先例進行的貴族社會中，實為極其罕見的現象。

先前介紹過，十二月除夕那天會在皇宮及京城中進行驅逐疫鬼的「追儺」儀式。

這是陰陽師朗誦祭文的重要例行公事，然而，長保三年（一〇〇一）閏十二月，由於一條天皇的母親去世，處於諒闇期間，朝廷因而下令停辦追儺儀式，但安倍晴明仍在自己家中進行，據說許多京城中人也隨之呼應，齊聲高喊：「追儺！追儺！」因此，安倍晴明被譽為「陰陽道達人」（《政事要略》）。從這些記錄中可以看出，他並非只是個遵循往例的小官員。

此外，為治病、延年益壽而進行的「泰山府君祭」與「玄宮北極祭」等陰陽道祭祀，其實是安倍晴明自己發明的新儀式。特別是「泰山府君祭」，後來也出現在《今昔物語集》中，成為著名的陰陽道祭祀，讓安倍晴明正式成為傳說人物。根據同時代的史料，安倍晴明首次執行此祭祀的對象是幼帝一條天皇（《小右記》，永祚元年〔九八九〕二月）。此外，安倍晴明這次執行的「泰山府君祭」，是為了替代原先預定進行的密教修法「焰魔天供」。由此可以推測，泰山府君祭是安倍晴明在與密教的競合、吸收過程中所開發出來的儀式。

「泰山府君」是中國民間信仰中的延年益壽之「神」，這個信仰被安倍晴明納入陰陽道中，並發展成新的神格（詳見第二章）。由於這次舉行的泰山府君祭十分靈驗，使得泰山府君信仰在貴族社會中普及開來，藤原行成更是依照安倍晴明的指示，開始在清晨祭拜泰山府君（《權記》，長保四年〔一〇〇二〕十一月）。

職業「陰陽師」

在《今昔物語集》等故事集中，安倍晴明被譽為當代一流的陰陽師，無人懷疑他的「陰陽師」身分。不過，此處的「陰陽師」並非指陰陽寮的官職名稱，應該是「一種不隸屬於官制的陰陽師職業」才對（山下克明，一九九六年）。

這是怎麼回事呢？當安倍晴明以「陰陽師」身分在一條天皇外出時進行反閇之術，或在藤原道長外出時選定良辰吉，又或是執行泰山府君祭和玄宮北極祭這些延年益壽的祭祀時，他已經從陰陽寮退官，並擔任主計權助（管轄中央財政的名義上次官）、左京權大夫（管轄朱雀大路東側的名義上長官）、大膳大夫（負責朝廷宴會料理的長官）等其他官署的職位。儘管如此，安倍晴明仍以「陰陽師」的身分，應天皇與貴族們的請求，進行占卜、咒術和祭祀。

總之，真正的安倍晴明應該是離開陰陽寮後，以自由祈禱師及占術師身分接案的「陰陽師」。他能在離開陰陽寮後，依然以「陰陽師」身分接受人們的委託、滿足人們的期望，是因為他是一名完全憑自身法術與技藝維生的「法術師」，跟陰陽寮這個官署無關（《續古事談》）。他是一位擁有「道之傑出者」、「陰陽道達人」榮譽的陰陽師。

此外，在朝廷勒令停辦下，安倍晴明於自家中舉行追儺儀式，並獲得京城中許多人的響應，彷彿此舉早已是慣例般，他得意地將此事告訴明法博士惟宗允亮，以及專程向藤原實資報告他為一條天皇進行的祓禊很靈驗，在在顯示出安倍晴明有意宣傳自己的陰陽師功績（繁田信一，二〇〇四年）。人們稱讚他是「道之傑出者」、「陰陽道達人」，既是肯定他的實力，也是他自我宣傳的結果。這樣的安倍晴明在貴族社會中「聲名」遠播，奠定成為後來傳說人物的基礎。

讓我再說一遍，安倍晴明以「陰陽師」身分活躍於貴族社會的時候，他已經從陰陽寮退官，擔任其他職務了。這點暗示出從事私人救濟活動的「陰陽師」，與律令國家組織中的陰陽寮是不相干的兩回事。作為陰陽師的安倍晴明，不是以陰陽寮的官員身分，而是以個人的技能和咒力，與貴族階層建立私人關係，負責相關的救濟工作，屬於「宗教人士」。我想應該這樣定位安倍晴明才正確吧。

換句話說，安倍晴明這樣的陰陽師算是咒術業者、宗教人士，正因如此，他不拘泥於儀式先例，而是根據自己的判斷創造出新的作法和技藝。這也使他與恩師賀茂忠行、賀茂保憲，以及師兄弟賀茂光榮之間，超越了指導、傳授、尊敬、順從與協調的關係，形成以技藝和術法為業的同行競爭關係。

那麼，為什麼會出現身為「宗教人士」的陰陽師呢？這與當時的時代背景有關。

平安貴族社會的宗教情況與「陰陽道」

接著，說明一下安倍晴明生長的時代，即平安貴族社會的宗教相關情況。十世紀後半是陰陽師安倍晴明的活躍時期，當時相繼登基的是村上、冷泉、圓融、花山與一條天皇，而藤原兼家與其子道隆、道兼、道長等人，則是為了掌握「攝關」[6]權力而反覆展開激烈的爭鬥，最終由藤原道長獲勝，他的豪言壯語：「這個世界是我的！」成為歷史名言。

另一方面，此時律令國家的身分秩序開始崩潰，各地莊園的領主權不斷流動，地方上爆發平將門和藤原純友的反亂（承平．天慶之亂），新興武士勢力動搖了貴族社會，「平安京」事實上已是「不安」之城。在此時代背景下，生活在平安京的貴族對自身命運的變遷十分敏感，同時追求死後靈魂的「救贖」。

擔負起這些平安貴族社會救贖任務的是佛教。佛教從奈良時代的「護國佛教」轉變為個人信仰、救贖宗教。平安貴族透過密教的加持來消災解厄，祈求延年益壽，而在往生救贖方面，則依靠淨土宗的「現世安穩」、「後生善處」等二世安樂信仰。密教與淨土宗在平安貴族的個人救贖上相輔相成（速水侑，一九七五年），例如，熱中

6　譯註：即「攝政」與「關白」，是當時實際掌權的職位，擁有巨大的影響力。

於淨土宗信仰的藤原道長據說曾親自進行加持祈禱（山折哲雄，一九七六年）。這些「個人」的救贖，在在說明平安京這個都市社會已經發展得相當成熟了（西山良平，二〇〇四年）。

藤原道長私下重用安倍晴明，完全信任他的咒術與占術能力，顯示陰陽師也是貴族的重要救贖者。舉凡貴族日常生活中的曆法與方位禁忌、生辰日時的本命日占卜（詳見第二章「從山中他界到天界冥府」）、驅邪、延年益壽祭祀與祈禱等，這些活動以特定個人為對象，不再受限於陰陽寮的框架，而負責進行的正是安倍晴明等新興「陰陽師」，他們的身分認證是「陰陽之道」，即陰陽道。這裡的「道」，也有該領域專家的意思（小坂真二，一九八七年）。

就這樣，陰陽道成為一股相對於密教、淨土宗兩大宗派的第三新興勢力。換句話說，「陰陽道」是在承擔平安貴族私人救贖過程中形成的。

在平安貴族社會中，以相對於密教、淨土宗之第三新興勢力登場的陰陽道……當這樣的陰陽道成為貴族私人的救贖力量後，陰陽師所面對的天界星辰世界也會有不同的意義，因為貴族希望透過「星象」了解自己命運的走向。於是，擔任天界星辰與生活在地上的個人之間的溝通聯繫角色，正是平安時代新興陰陽師的任務。

從占卜國家命運的「國家占星術」，到占卜個人命運的「個人占星術」，參與並見證這個場景變換的陰陽師，正是安倍晴明。

下一章，我們將到陰陽師安倍晴明的工作現場去一探究竟。

第二章　陰陽師安倍晴明的工作現場

電視、電影、小說、漫畫中大活躍的陰陽師安倍晴明，大名如今可謂無人不知無人不曉。有人問國中生知道哪個平安時代的人物名字時，很多人都回答「安倍晴明」。然而，真正知道安倍晴明真實樣貌的人並不多。這是因為他被太多傳說故事包裝，神祕形象深植人心的關係。安倍晴明是一個生活在與藤原道長、紫式部、清少納言等平安時代知名人物同時代的真實人物，「陰陽道」的創立也與他息息相關。在第二章，我們將深入探索陰陽師安倍晴明進行祭祀、占卜和咒術的現場。

1　燒毀的靈劍與五帝祭

天德四年的皇宮火災現場

在村上天皇時代，天德四年（九六〇）九月，皇宮發生自桓武天皇平安遷都以來首次的大火災。火焰波及存放皇室歷代寶物的溫明殿，後來被稱為「三種神器」之一的八咫鏡——即內侍所神鏡，以及名為「大刀契」的靈劍也遭殃。據說神鏡無恙（《小右記》中引用的〈故殿御日記〉），但靈劍幾乎全毀。順帶一提，傳說神鏡從火焰中自行飛出（《古今著聞集》）。這面神鏡是伊勢神宮天照大神的分靈，受到人們的高度信仰。

關於神鏡的詳情，請參考拙著《天照大神——最崇高神祇之不為人知祕史》[1]。此處要討論的是燒毀的靈劍。

靈劍的刀身上刻有「十二神、日月、五星」圖案。這是藉天界眾星之力來守護天皇的靈異之劍（與「三種神器」的草薙劍不同）。它們的燒毀可能會影響天皇的命運。

因此，為了調查並復原靈劍上鐫刻的星辰圖案，天皇下令陰陽寮，要天文部門的星象專家們負責這項工作。這時，安倍晴明登場了。當時他四十歲，仍是天文得業生的學生身分。這是安倍晴明的名字第一次出現在官方史料中。

儘管還是學生身分，他依然承接天皇之令，真不愧是安倍晴明！然而，根據史料的研究，天德四年的功績，其實是三十七年後的長德三年（九九七）五月，安倍晴明向藏人[2]藤原信經所講述的內容（《中右記》，嘉保元年〔寬治八年／一〇九四〕十一月一日，註解〈藏人信經私記〉）。

安倍晴明似乎是在「吹牛」，因為這項任務其實是由他的上司兼恩師天文博士賀茂保憲主持的，但被他誇大成自己的功績。這也算是安倍晴明宣傳自己陰陽師實力的手段之一吧。長德三年時，安倍晴明已經擔任「藏人所陰陽師」這一特別的職位了。

言歸正傳，回來探討一下靈劍鑄造背後的陰陽道思想與祭祀儀式。安倍晴明之所以將恩師賀茂保憲的靈劍鑄造功績歸於自己，是因為統稱為「大刀契」的這些靈劍，與陰陽道有著極深的關聯。

刻有日月、北斗七星圖案的靈劍

首先，來認識一下這些毀掉的靈劍吧。根據鎌倉時代的辭書《塵袋》卷八的記載，燒毀的靈劍之一名為「護身劍」，用來驅除疾病與邪氣；另一把名為「破敵劍」（又稱「三公戰鬥劍」或「將軍劍」）。此外，刀身刻有以下圖案。

1 《アマテラス——最高神の知られざる秘史》，齋藤英喜，二〇一一年。

2 譯註：「藏人所」是平安時代朝廷中的一個機構，主要負責天皇的機密文書處理和其他內務工作。藏人所的成員稱為「藏人」。

〔護身劍〕
左側　日形　南斗六星　朱雀　青龍
右側　月形　北斗七星　玄武　白虎
〔破敵劍〕
左側　三皇五帝形　南斗六星　青龍　西王母之兵刃符
右側　北極五星　北斗七星　白虎　老子破敵符

刀身的兩面刻有日月、南斗與北斗星神，以及朱雀、青龍、玄武、白虎等四大神獸，還有源自西王母或老子的神符……根據來歷，這些靈劍是從百濟帶來的，用來護衛天皇外出時的安全，或者作為節刀[3]賜予領命出征的大將軍。

顯然，這兩柄靈劍上刻有與道教和天文等陰陽道相關的神靈及護符。在護衛天皇的靈劍上鐫刻天體中的星辰，是因為星辰的運行與國家、天皇的命運密不可分。星宿具有威力，恆常運行於虛空，顯示吉凶之兆。此外，有些星辰信仰認為人們的生命是由北斗七星管轄的。因此，於靈劍上鐫刻星辰是陰陽寮官員的工作，因為他們通曉天文。

五帝祭——召喚眾星辰神祇

火災翌年，即應和元年（九六一）六月二十八日，為了重新鑄造已經燒毀的靈劍，於高雄山的神護寺舉行了一場名為「五帝祭」的祭祀。這場祭祀歷時三天，並需要使用鏡子等祭祀用具，是一場規模宏大的儀式。這項任務由陰陽寮的官員們負責。

祝（朗誦祭文等的祭祀司祭者） 天文博士・賀茂保憲
奉禮（負責祭場準備與進行） 天文得業生・安倍晴明
祭郎（負責管理供物） 曆得業生・味部好相

這些內容來自山下克明老師所介紹的若杉家文書《反閇作法並事例》中〈大刀契事鄉〉的記載，顯示天文得業生安倍晴明在恩師天文博士賀茂保憲的指導下，擔任祭禮的助手。

然而，為什麼鑄造大刀契的靈劍並在上面鐫刻陰陽道系神祇的圖像時，需要舉行名為「五帝祭」的祭祀呢？

3 譯註：相當於尚方寶劍。

「五帝」指的是將歲星（木星）、熒惑星（火星）、鎮星（土星）、太白星（金星）、辰星（水星）等五星神格化後的「蒼帝靈威仰」、「赤帝赤熛怒」、「黃帝含樞紐」、「白帝白招拒」、「黑帝葉光紀」，也可以解釋為「東方蒼帝東海君」、「南方赤帝南海君」、「西方白帝西海君」、「北方黑帝北海君」、「中央黃帝君」。另外，「三皇」則指「天皇」、「地皇」、「秦皇」或是「伏羲」、「神農」、「女媧」等中國傳說裡的聖帝，或者是圍繞著紫微星（北極星）擔任輔佐角色的三星。

靈劍上所鐫刻的三皇五帝、北極星、南斗、北斗、四神獸圖案，並非單純裝飾而已，每個圖案裡都寄宿著相應神祇的靈魂與力量。換句話說，五帝祭是一種召喚天上眾星辰神祇，並將其力量寄附於刀劍上的咒術儀式。因此，這樣的祭祀必須由陰陽寮的專家來執行（山下克明，一九九六年）。

從此以後，「五帝祭」便成為鑄造神器、重器，特別是節刀之時，必定舉行的儀式（賀茂家《文肝抄》）。另外，安倍晴明等人進行五帝祭的情景，還被岡野玲子老師描繪在漫畫《陰陽師》第十一卷中，生動且臨場感十足。

靈劍鑄造日期「六月二十八日」是庚申日。之前提到的《塵袋》中也記載了「護身劍」的銘文，說明劍是在「庚申」鑄造的。根據岸俊男老師的說法，「庚申」干支在道教中被認為是鑄刀吉日。此外，道教中的庚申信仰與北極星和北斗七星等天象有關，說明古代刀劍與星辰之間有著密切的關聯（岸俊男，一九八〇年）。

靈劍的咒術與陰陽師

事實上，古代將北斗七星、四神、日月形狀等圖案刻在刀劍上的例子並不少見。著名的例子包括法隆寺金堂四天王像中持國天所持的劍、據說是聖德太子所持的四天王寺七星劍，以及收藏於正倉院北倉的吳竹鞘御杖刀，這些刀劍上面刻有許多星座，其中就有北斗七星的星形。而這些都是基於道教信仰而鐫刻的。在晉朝時代（四世紀），葛洪編著的道教手冊《抱朴子》中也提到，「欲防身卻害……佩天文符劍可也。」（〈道意篇〉，福永光司，一九八七年）。

古代日本也有利用太刀與杖刀來制伏「猛獸、虎狼、毒中精魅、盜賊、五兵」，驅散其害的咒術（《政事要略》卷九十五），例如固身避災的「持禁」，以及驅散鬼神的「解忤」兩種咒術，這些都是奈良時代由隸屬典藥寮的咒禁師所執行、具有法力的延命醫療手段。然而，這種咒術也具有轉變為闇黑魔法，即詛咒的風險，因此在八世紀末，咒禁師的職務遭到廢止（下出積與，一九九七年）。不過，部分咒術由陰陽師（陰陽道）繼承了下來（鈴木一馨，二〇〇二年）。

另一方面，天皇本身的祓禊儀式中也融入了刀劍的咒術。六月與十二月的最後一天，針對文武百官與全國百姓舉行「大祓」儀式時，會另外針對天皇、皇太子及皇后，在皇宮裡面舉行「御贖儀」（後來稱為「節折」）。此時，與陰陽寮有關係的渡來系氏族[4]中的東西文忌寸部[5]會向天皇獻上「金刀」，並誦念以下咒詞：

謹請：皇天上帝、三極大君、日月星辰、八方諸神、司命司籍，左東王父，右西王母，五方五帝、四時四氣。捧以銀（祿）人，請除禍災；捧以金刀，請延帝祚。

（《延喜式》卷八）

這是一種祈禱儀式，祈請主宰天體的最崇高神祇、星辰以及日月等眾神，護佑天皇免於災厄。因為天皇與天界星辰關係密切，可以獲得星辰靈力的保佑。

關於安倍晴明與靈劍鑄造，還有一則有趣的資料。安倍家世代傳承的《陰陽道舊記抄》（完成於鎌倉時代前期）中記載，安倍晴明在天德四年（九六〇）那場火災時，奉命鑄造靈劍，但他不清楚刀劍上的圖案應該是什麼樣子，於是透過「式神」的神通力得知靈劍的圖案，並據此鑄造靈劍。這則資料展現出安倍晴明運用式神創造各種靈異事件的神話形象。關於式神的起源有各種說法，但認為式神來自陰陽師占卜所用的「式盤」上的神靈最為合理（鈴木一馨，一九九八年）。式盤上刻有北斗七星與二十八宿的星座名稱，這些星座與天界的星辰息息相關。

因此，鑄造「護身劍」、「破敵劍」的現場，既涉及陰陽道的思想與咒術的核心，對安倍晴明而言，也是人生中的轉捩點。

2 與詛咒、祓禊相關的陰陽道

安倍晴明進行「解除」儀式

詛咒、符咒、調伏……這些讓人一聽便不寒而慄的禁忌咒術，是安倍晴明故事中不可或缺的話題。當然，在故事與傳說中，安倍晴明常常扮演保護受詛咒的貴人、祓除詛咒的角色，但在同時代的史料中，是否也能找到安倍晴明進行這些活動的記錄呢？另外，祓除詛咒的儀式是如何進行的呢？

確實，安倍晴明侍奉的貴族，如藤原實資、藤原道長等，他們身邊發生的詛咒事

4　譯註：從朝鮮半島或中國大陸來到日本並在日本定居的氏族。這些氏族帶來了先進的技術和文化，對日本的發展有很大的貢獻。

5　譯註：分布在日本東西兩地的文忌寸部氏族。

件（尤其是藤原道長）很多都經過確認了。而關於祓除詛咒，前一章介紹清少納言《枕草子》中的「赴河原行咒詛祓禊」是著名的一例。陰陽師在賀茂川（鴨川）河原進行祓除詛咒的畫面，對貴族們來說應該是日常風景。

有記錄顯示，安倍晴明也在天延二年（九七四）六月參與了「河臨御禊」（《親信卿記》），這是典型的祓除詛咒儀式。另在寬和元年（九八五）四月十九日，藤原實資的妻子超過預產期仍無生產徵兆，安倍晴明為此進行了「解除」儀式（《小右記》）。生產延遲可能是因為受到詛咒。若生下女孩，這個女孩將來可能會被送入宮中成為天皇的妻妾，這樣一來，女孩的父親將來就有機會成為天皇的外祖父。權力者的生兒育女極具政治意義。

就有這樣一個例子。在安倍晴明出生之前的延喜三年（九〇三），醍醐天皇的女御[6]穩子因生產延遲而進行占卜，結果發現殿舍的地板下有白髮老婦用折斷的梓弓進行「厭魅」（《政事要略》）。梓弓是用於招魂的巫具，厭魅是使用人偶等進行的咒術。安倍晴明進行的「解除」，正是針對這類詛咒進行的祓除儀式。

「解除」是陰陽師進行的祓除儀式，原本是咒禁道的咒術用語。古代中國稱使用刀杖驅逐鬼神為「解除」。但在平安時代的史料中，「解除」多指祓除詛咒。

像是寬弘九年（一〇一二），在東三條院發現了「厭物」，安倍晴明的兒子吉平與賀茂保憲的兒子光榮一同進行了「解除」儀式（《御堂關白記》）。此外，萬壽四年（一〇二七），因藤原實資在夢中看到「詛咒氣」，便由陰陽師中原恆盛進行了「解除」儀式（《小右記》）。

施展詛咒的陰陽師

那麼，這些詛咒是由誰施展的呢？有一則著名的故事便講述了藤原道長在前往法成寺的途中遭受詛咒，安倍晴明察覺此事，並且拯救了藤原道長（《宇治拾遺物語》卷十四）。當時施展詛咒的是一個受堀川左大臣藤原顯光所託，名叫「道摩法師」的人。因為施咒被揭發，道摩法師遭流放回到故鄉播磨國。

這則故事的舞台「法成寺」是在安倍晴明死後才建立的，因此並非「史實」，但施展詛咒的「道摩法師」，後來以「蘆屋道滿」之名出現在假名草子、淨瑠璃、歌舞伎等作品中，成了安倍晴明的死對頭。他拜安倍晴明為師，但與安倍晴明的妻子有私情，最後謀殺了安倍晴明，是個壞蛋角色。過去一直認為他是個虛構人物，但最近的研究發現，這個人物在史料中確實存在（繁田信一，二〇〇四年）。

6　譯註：天皇嬪妃位階的一種，多為皇族或大臣的女兒。

在安倍晴明去世後的寬弘六年（一〇〇九）二月，發生了一起針對一條天皇的中宮彰子、第二皇子敦成親王以及藤原道長的詛咒事件。根據《日本紀略》與《百鍊抄》等史料，發現圓能和源念這兩名「陰陽法師」與此事有關。然而，根據《政事要略》卷七十一所收錄的寬弘六年詛咒事件的「罪名勘文」（裁判記錄），我們得知在這群陰陽法師中竟然出現「道摩法師」的名字，顯示蘆屋道滿並非虛構人物。

從這些資料可以看出，平安貴族社會中存在著承接詛咒業務的「陰陽法師」或「法師陰陽師」集團。由於道摩法師來自播磨國，可以推測該國有許多「陰陽法師」。僧侶原本就是「陰陽道」前史階段中「陰陽」、「曆法」、「天文」的主要擔當者，因此他們之中有一些人精通陰陽師的咒術和占術也不足為奇。

那麼，「陰陽法師」或「法師陰陽師」究竟是什麼樣的存在呢？顧名思義，他們本身是法師，同時從事陰陽師的工作。例如，《今昔物語集》中提到多名「作為陰陽師的法師」，即本身為僧侶的陰陽師。他們與陰陽寮無關，是生活在民間或地方上的陰陽師。《今昔物語集》與《宇治拾遺物語》中也有這樣的故事，講述法師陰陽師頭戴紙冠在河原進行祓禊儀式，並辯解說這是為了養家糊口不得已而為之。此外，《春日權現驗記繪》中也描繪了類似法師陰陽師的形象。

他們不僅承接詛咒業務，也參與祓禊工作。這些可以從清少納言《枕草子》的〈不堪入目之事〉中列出的「法師陰陽師之冠紙帽而行祓」看出來，或者從《源氏物語》作者紫式部的歌集中附有「……法師冠紙為帽，自稱博士，故為人所憎」題詞的詩句中窺見。由於中下級貴族無法雇用安倍晴明這樣的高級陰陽師，只好雇用法師陰陽師來進行祓禊儀式（繁田信一，二〇〇四年）。這種景象在當時十分常見，但在紫式部與清少納言這些貴族女性眼中，法師陰陽師卻是厭惡與輕蔑的對象，因為他們知道這些法師陰陽師背地裡也承接詛咒業務。

話說回來，為什麼不是由陰陽寮的官員來做「陰陽師」的工作，而是找上僧侶呢？這與安倍晴明等「陰陽師」脫離陰陽寮這個公家機構後，以獨立陰陽師身分活動，並獲得貴族社會接受的這個時代背景有關。事實上，法師陰陽師正是安倍晴明等「職業陰陽師」的另一面，也可說是私下的一面。正如第三章所探討的，這些法師陰陽師的後裔——民間陰陽師，正是傳播安倍晴明故事的人。關於他們的真實樣貌，我將在後續章節中詳細介紹。

名為「中臣祓」的咒詞

陰陽師是如何進行解除詛咒的儀式的呢？一如前面提過的「赴河原行咒詛祓禊」這段文字，祓除詛咒基本上是在河原進行，因此稱為「河臨祓」（《陰陽道祭用物帳》）。

此外，依二條、大炊御門、中御門、近衛御門、土御門、一條的末端、川合等順序，在鴨川這七個淺灘進行的祓禊稱為「七瀨祓」。最早進行這個儀式的是安倍晴明的恩師賀茂保憲，時間是應和三年（九六三）。

有關與安倍晴明同時代的祓除詛咒，即河臨祓的儀式，天祿三年（九七二）留有相關記錄（《親信卿記》）。

根據記錄，該儀式準備了五寸的鐵、木、錫製人偶與七個等身大小的人偶，並將詛咒對象的「御衣」放入箱中，由陰陽師將這些物品帶到河邊。此外還要準備車、馬、牛、雞共七樣物品，將詛咒對象的「詛咒之氣」移到人偶與御衣上，然後放水流走。順帶一提，在《今昔物語集》中，有一則賀茂保憲少年時代的故事，提到放水流時會準備車、馬等七樣物品，還提到少年保憲在舉行祓禊儀式的地方（河原），親眼目擊到恐怖的鬼神被船、車、馬等紛亂載走的場景。詛咒之氣等於鬼神，要趕它們走，就要準備運送工具，這應該就是河臨祓的場景吧。

在進行這種祓除詛咒，即河臨祓的儀式時，會唱誦祝詞（祭文）。這是一種名為「中臣祓」的咒詞。「中臣祓」又稱為「中臣之祓之祭文」。例如，寬弘五年（一〇〇八）中宮彰子生產時，就曾集合了一群陰陽師來誦讀「中臣祓」。而《源氏物語》作者紫式部的日記中也記載了這種場景（《紫式部日記》）。此外，平安時代末期，由陰陽師與密教僧侶一起進行「六字河臨法」這種祓除詛咒儀式時，陰陽師也會誦讀「中臣祓」（《阿娑縛抄》）。「中臣祓」後來便成為修驗者、祈禱師、法者、太夫、地方陰陽師等民間宗教者常用的多功能祓禊咒詞了。

正如第一章所述，「中臣祓」源於六月與十二月的最後一天，親王以下的百官在朱雀門前舉行「大祓」國家儀式中，由最高神祇官中臣氏誦讀的祝詞。大祓旨在清除朝廷官員與天下百姓的「罪穢」，但到了平安時代中期，這種公家的祓禊效果受到質疑，實質上已經形骸化，因此，陰陽師針對個人的疾病、生產、死亡與詛咒所進行的祓禊才乘勢興起。此時，陰陽師將中臣氏誦讀的公家版「大祓祝詞」改編成用於個人祓禊儀式的「中臣祓」咒詞。雖然這段咒詞已不歸神祇官而歸陰陽師所有，但仍保留「中臣」之名，是因為「中臣」二字在祓禊儀式中具有重要的品牌價值。

那麼，陰陽師改寫了「大祓祝詞」的哪些部分呢？兩者最大的差異就在「中臣祓」的文末。以下是「中臣祓」（中臣祭文）的文末內容：

> 自今日以後，遺罪與咎過將不復存在，祓除清潔，祓戶八百萬神明，請振耳聽之，應此祈請。
>
> （《朝野群載》卷六）

「中臣祓」咒詞旨在向「祓戶的八百萬神明」祈求，請祂們發揮淨化的力量，去除人們的污穢。陰陽師親自誦讀咒詞，直接向祓戶諸神祈求淨化之力，因此，陰陽師本身必須具備極大的魅力與威信。安倍晴明顯然滿足了這個要求。例如，藤原實資的妻子難產時，就是先由賀茂光榮（保憲之子）進行「解除」，次日由安倍晴明再進行一次「解除」（《小右記》）。顯然光憑賀茂光榮一人的力量還是讓人不放心，這也顯示出了安倍晴明的重要性。

「祓戶諸神」的另一種神格

陰陽師所使用的「中臣祓」，與神祇官中臣氏所朗誦的「大祓祝詞」還有一個很大的不同，就是清淨人們罪孽過錯的「祓戶諸神」。「大祓祝詞」中是這樣描述的（根據原文意譯）：

> 高高的山與低低的山間，激流的河川之瀨中，坐鎮的瀨織津姬，請將所有剩下的罪穢全數帶至大海。遠在沖合潮流聚集之地的速秋津姬，請吞噬所有帶來的罪穢。通往海底根之國、底之國的伊吹戶主，請將吞噬的罪穢全部吹送至根之國、底之國。根之國、底之國的速佐須良姬，請接

收並澈底消除這些吹送過來的罪穢。

將一切罪穢從高山中的激流，最終推至位於大海彼岸的根之國與底之國，然後消除殆盡。宛如接力賽般，承接罪穢並一棒接一棒地推向大海的是瀨織津姬、速秋津姬與速佐須良姬這三柱女神（伊吹戶主是男神）。這些女神就是祓除罪穢的「祓戶諸神」。民俗學者折口信夫曾發表關於祓除罪穢的「水之女」論（折口信夫，一九二七～一九二八年），十分有名。

然而，陰陽師所朗讀的「中臣祓」，是將負責淨化的「水之女」們改讀成以下的神格：

◇瀨織津姬：閻魔法王＝冥府主宰神
◇速秋津姬：五道大神＝司掌地獄道、餓鬼道、畜生道、人道、天道之冥神
◇伊吹戶主：泰山府君＝司掌人類壽命與榮華的冥府之王
◇速佐須良姬：司命司錄神＝管理冥府戶籍之神

（《中臣祓訓解》）

陰陽師在水之女神背後發現了道教與密教系的冥府異神。祓禊儀式的目的已不僅僅是去除罪穢，還包括祈求長壽。遺憾的是，沒有史料能夠確認安倍晴明知道這些「祓戸諸神」的新神格。在他之後的平安末期，陰陽師對祓戸諸神的解釋已經普及開來，這點可以從密教系的神道書《中臣祓訓解》中看出端倪。

從神祇官的「大祓祝詞」轉換成「中臣祓」的祓禊咒詞，在密教僧侶的參與下，逐漸變成一種全新的祓禊神話了。相對於國家級儀式「大祓」，它更強調個人現世的「咎過」，這也是受到密教僧侶的影響吧（櫻井好朗，一九九三年）。或許也可以想像這是陰陽師與密教僧侶的「共同合作」。其實，陰陽師與密教僧侶之間雖是競爭關係，但也共同舉行祓禊儀式，例如先前提過的「六字河臨法」。

最有趣的是，「祓戸諸神」的唯一男神「伊吹戸主」被解釋為「泰山府君」。沒錯，泰山府君正是讓安倍晴明一舉成名的重要冥府之神。

3 冥府之神、泰山府君

安倍晴明與泰山府君

在陰陽師熱潮正盛時上映的電影《陰陽師》（導演：瀧田洋二郎，原作：夢枕獏）中，有一幕是安倍晴明使用「泰山府君之法」讓友人源博雅復活，這場面連同野村萬齋飾演的安倍晴明的華麗舞姿，讓許多人印象深刻。雖然這是虛構情節，但安倍晴明與「泰山府君」之間的關係，從他為三井寺僧侶智興舉行泰山府君祭這一著名故事中可見一斑。《今昔物語集》中記載，弟子證空提出為恩師犧牲的請求，泰山府君憐憫他們，延長了師徒的壽命。「泰山府君」正是可為人們延年益壽的冥府之神。

泰山府君來自中國的民間信仰。山東的「泰山」是古老的山岳信仰聖地，在信徒心目中，「東嶽泰山」為「五嶽」之首，山上有掌控人類壽命並記載每個人壽命的帳簿。泰山府君，即冥府的主宰者就住在此山。順帶一提，「府君」為漢代郡太守的職稱。泰山府君被視為可保佑長壽、富貴、子孫繁榮和出世榮達的神祇。

不過，隨著佛教從印度傳入中國，泰山府君與佛教的地獄、閻魔王等思想融合，逐漸被賦予了對生前善惡進行審判與執行刑罰的形象。只是在佛教（唐代密教）中，泰山府君並非冥界的最高神祇，依地位高低排名，應該先是相當於人界天子的「閻魔王」，接下來是作為尚書令錄（首相）的「泰山府君」，再來是擔任諸尚書（內閣諸長）角色的五道神（澤田瑞穗，一九六八年）。也就是說，泰山府君並非冥界的最高統治者。

這種信仰在古代日本被改造成以「泰山府君」為中心的獨特陰陽道祭祀。這一變革的關鍵人物正是安倍晴明。

永祚元年，「泰山府君祭」誕生現場

根據史料，首次舉行泰山府君祭是在永祚元年（九八九）二月十一日，執行者自不在話下，便是安倍晴明。我們就來一探究竟吧！

根據藤原實資的日記《小右記》所載，二月十日，藤原實資在圓融法皇那裡得知一條天皇做了不好的夢，於是提議舉行「尊勝御修法」、「焰魔天供」與「代厄御祭」。次日的十一日，尊勝御修法（本尊為尊勝佛，以滅罪、除病為目的）由天台方丈尋禪執行，而預定的焰魔天供與代厄御祭則被取消，取而代之的是安倍晴明的「泰山府君祭」。

也就是說，不進行密教的焰魔天供及陰陽道的代厄御祭，改由安倍晴明為天皇進行前所未有的泰山府君祭。這可說是安倍晴明獨創的祭祀方法。

雖說如此，泰山府君祭並非全新的創造，而是從道教的「七獻上章祭」與「本命祭」發展而來的。例如，紀長谷雄在仁和四年（八八八）撰寫的「本命祭」祭文中，出現「謹請 天曹地府、司命司祿、河伯水官、掌籍掌算之神」（《三十五文集》）等祈請神明延命的辭句。根據增尾伸一郎老師的說法，「天曹地府」指的是昊天上帝與泰山府君（增尾伸一，二〇〇〇年）。另外，「司命司祿」是將壽命已盡的人類召喚到冥界，並管理冥界戶籍簿的神祇。「掌籍掌算」也是負責掌管人類的壽命。而「七獻上章祭」即是泰山府君祭的另一個名稱。

因此，泰山府君祭從起源來看，具有強烈的道教元素，不過，將密教的焰魔天供融入其中，正是安倍晴明的發明。泰山府君祭的存在，不可避免地受到了密教修法與佛書的影響（小坂真二，一九八七年）。正因為不僅融入道教元素，還吸收了密教的教義，才能創造出最強大的泰山府君祭。安倍晴明進行泰山府君祭來對抗密教的「焰魔天供」，原因可能就在於此。

那麼，「焰魔天供」是一種怎樣的儀式呢？「焰魔天供」是供養地獄諸官，祈求祛病、消災與延年益壽的修法，又稱「冥道供」。焰魔天供使用的曼荼羅是以本尊「焰魔天」（閻羅天）為中心，周圍配以毘那夜迦、成就仙、遮文荼、荼吉尼等焰魔天的眷屬，並且包含泰山府君、五道大神、司命司祿等道教神祇。密教的修法中也納入了泰山府君。這種修法的次第記錄在《焰羅王供行法次第》中。《焰羅王供行法次第》中有「能求王削死籍，附生籍。至病者之家，多誦大山府君（泰山府君）之咒」的記述。透過唱誦「咒語」來直接請求延命的對象是「泰山府君」。

或許是安倍晴明從這個密教教義中發現直接祈求消除病痛、延年益壽的對象是「泰山府君」，因此才為一條天皇舉行以泰山府君為主神的「泰山府君祭」。他應該是認為，如果是祈求延命，那麼直接聯繫泰山府君會更有效，而能夠與泰山府君聯繫的不是密教僧侶，而是身為陰陽師的自己。我們可以從史料中讀出這樣的意涵。

永祚元年舉行泰山府君祭之後，安倍晴明的祭祀實修情況，可以從長保四年（一〇〇二）他為藤原行成舉行該祭祀活動的記錄中窺見（《權記》）。

晴明朝臣祭太（泰）山府君。料物有米二石五斗，紙五帖（自利成處送），鏡一面，硯一面，筆一管，墨一廷，刀一柄，皆自家送。晚間送都狀等十三通，加署而送。

（長保四年〔一〇〇二〕十一月九日）

日出。依左京權大夫晴明朝臣之言，奉幣紙錢於泰山府君，以祈延年益壽。

（同年十一月二十八日）

藤原行成在安倍晴明的主持下進行祭祀後，依其指示於每日清晨向泰山府君奉上供品。自此以後，從平安時代後期到院政期[7]，泰山府君祭逐漸在貴族社會中扎根。於此過程中，陰陽道之神泰山府君的影響力進一步擴展到各個領域。由於這一祭祀形式源自安倍晴明，它的執行也就變成安倍家陰陽師的專利了。

例如，在天仁二年（一一〇九）六月，繼六月祓之後舉行了泰山府君祭，這是根據「夢中指示」進行的（《殿曆》）。另外，在承保四年（一〇七七）九月的泰山府君祭的都狀（祭文）中顯示，藤原伊房為其患病的愛女祭祀泰山府君（《三十五文集》）。這次的泰山府君祭與女性有關，算是十分罕見的案例。還有在永久二年（一一一四）十一月的泰山府君都狀中，藤原為隆祈求泰山府君保佑「如願加官進爵」（《朝野群載》）。在人們心目中，泰山府君這位於冥府掌管壽命之神，逐漸變成能在現世中帶來榮華富貴之神了。

泰山府君祭的都狀（祭文）

那麼，陰陽道的泰山府君祭是怎麼進行的呢？關鍵在於陰陽師所誦讀的「都狀」（祭文）。遺憾的是，安倍晴明親自使用的泰山府君祭都狀並未保存下來，因此以下介紹的是一篇距離安倍晴明時代最近的永承五年（一〇五〇）十月十八日，為後冷泉

7 譯註：指日本政權由攝關政治轉移到幕府這段過渡時期的政治體制，天皇禪位給子侄而自稱上皇，並在「院」中訓政，這是皇權為了抵抗攝關政治而發展出來的政治制度。

天皇舉行的泰山府君祭都狀。以下是意譯的內容：

謹向泰山府君、冥道諸神陳述。自我（後冷泉天皇）即位以來未久，天象異變，黃地招妖，怪異頻生，惡夢無數。天文博士、陰陽師所奏報之事皆非輕微，其徵兆甚重。若無冥道恩助，何以驅除人間之凶厄？故而為祛禍未然，保全天皇命運，恭設供品，謹向冥道諸神獻上。（中略）祈願垂示玄鏡，應我之祈，驅除災厄，保全天皇命運，削去北宮死者之籍，登錄南簡生者之名，延年益算，壽命綿長，謹此申禱。

（《朝野群載》）

泰山府君祭的都狀，採取的是由天皇本人直接向泰山府君陳述的形式。順便提一下，「都狀」就是信件的意思，由陰陽師代替天皇讀誦。作為陳述對象的「泰山府君、冥道諸神」共計「十二座」，供奉的供品包括「銀錢二百四十貫文」、「白絹一百二十匹」、「鞍馬十二匹」、「勇奴三十六人」。其中「勇奴」指的是作為祭品的人，但實際上使用的是用紙製作的人偶。

那麼，泰山府君之外的冥道諸神有哪些呢？根據永久二年（一一一四）的都狀，除了泰山府君，還有「五道大神、天官、地官、水官、司命、司祿、本命、同路將軍、土地靈祇、永視大人」等神祇的名字記錄其中。

泰山府君祭的都狀中，延命祈願的核心部分在於最後一句：「削去北宮死者之籍，登錄南簡生者之名……」這是在請求作為冥府之王（長官）的泰山府君，抹消冥府泰山中記錄的死者戶籍，重新登記為生者戶籍。因此，採取天皇以個人身分向泰山府君遞交請求信件的形式，可說是一個非常具體的延命祈願概念，而陰陽師的任務就是在這種交涉中充當仲介。

從山中他界到天界冥府

泰山府君的信仰源於人們認為死者的戶籍被記錄在泰山中，這與民俗學裡的「山中他界」信仰有關。然而，仔細閱讀先前介紹的都狀，可以發現冥府的所在地與天界相連，這是怎麼回事呢？

根據都狀，死者的戶籍稱為「北宮」，生者的戶籍稱為「南簡」，這種思想源於中國的《搜神記》故事集中，「北斗」掌管人之死，「南斗」掌管人之生的觀念。

速水侑老師指出，密教修法中的「焰魔天供」與「冥道供」，經常與供養北斗七星的「北斗法」一起舉行，而且僧侶在焰魔天供與冥道供中所讀的祭文，使用了祭祀北極星（北辰）的「尊星王祭文」形式。在平安時代後期，陰陽師與密教僧侶競相舉行「星祭」。這些星祭的目的，幾乎與向冥府、冥道諸神進行的修法相同（速水侑，一九七五年）。密教還創作了「星曼荼羅」。

那麼，為何掌管人類生死的泰山府君會與星辰的信仰結合呢？這顯示出人們相信個人的命運是受到「星辰」支配的，例如本命星與屬星的概念。換句話說，人們將出生的干支配對到五曜星（火、水、木、金、土），並認為這些星辰掌管一生的善惡與壽命。

進一步說，在古代中國的道教思想中，認為北斗七星與北極星是掌管人類生命的司命星，因而產生了將「本命星」分配到北斗七星中的某顆星辰的信仰，也就是說，依據出生年的干支，將人歸屬於北斗七星中的某顆星。被視為陰陽道基本經典的《五行大義》中，也有記載這種信仰。內容如下：

貪狼星　子年
廉貞星　辰、申年
巨門星　丑、亥年
武曲星　巳、未年

祿存星　寅、戌年
破軍星　午年
文曲星　卯、酉年

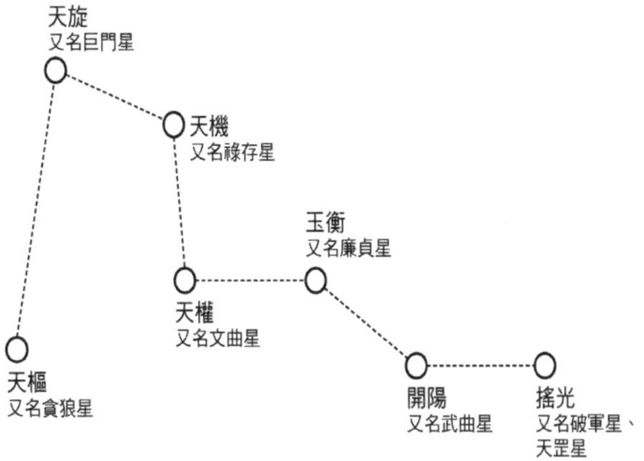

北斗星之圖說（出處：《萬曆大成》）。

從此，依據出生年分來確定「屬星」的概念逐漸形成，並且為了祈求延年益壽，人們也開始舉行北斗七星祭祀，向自己的屬星祈禱。

就這樣，泰山這座高山，即冥府，一下子上升到宇宙空間。掌管人類壽命和命運的天體星辰世界，與「泰出」重疊在一起了。每個人的出生年分都有對應的干支，這些干支與天體星辰世界相結合。對於以天人之間的相互關係為前提的陰陽道思想來說，這是十分合理的世界觀。

換言之，截至平安時代前期，陰陽寮的「天文」是占卜國家命運的國家占星術，但到了此時，掌控個人命運的「星辰」形象也逐漸浮現出來。這可以說是陰陽道作為個人救贖宗教的一段漸次成熟過程。而安倍晴明所開發的泰山府君祭，正扮演了居中的銜接角色。

安倍晴明在年輕時代，以「天文生」之姿仰望夜空，觀察星辰運行，這樣的「觀星之人」，不正是占星師嗎？

4 祭祀火星

「熒惑星祭」與安倍晴明

平成十五年（二〇〇三）的夏日夜空，特別能望見火星赤紅閃耀。那是自五萬七千年來，火星與地球最接近的一年。因此，當年九月，火星與月亮並排出現的「邂逅」天象，令許多天文迷興奮不已。

然而，對於一千年前的安倍晴明來說，月亮與火星並排現象乃凶星熒惑犯月，十分不吉利。一千年前，他應該會根據古代中國的占星術書，占卜此現象所顯示的預兆，然後祕密上奏天皇吧。這就是「天文密奏」。順帶一提，熒惑星即火星，在古書上被描述為：「掌控該國兵亂之起、賊患之發、疾病、人之死、饑餓、戰爭之星。」（《史記・天官書》）。

一千年前，確實有安倍晴明針對熒惑星變異採取應變措施的工作記錄。當時是永延二年（九八八）八月，安倍晴明六十八歲。

該年八月七日，熒惑星接近軒轅女王星（獅子座的阿爾法星，光度一．三），安倍晴明便奏請天皇與皇后進行「御慎」。

順帶一提，「軒轅女王星」在天文博士的基本圖書《晉書．天文志》中，被定義為：「軒轅為黃帝之神，黃龍之本體，掌管皇后與妃嬪事務之官職。」（山田慶兒譯《晉書．天文志》）。熒惑星侵犯了這顆星，特別是熒惑星進入軒轅並停留不動時，被認為是「天子與諸侯所忌諱的」（《晉書．天文志》）。因此，為了避開這場災難，天皇與皇后進行了「御慎」[8]。主導這項儀式的是一條天皇的外祖父攝政藤原兼家（藤原兼家的女兒詮子是圓融天皇的女御、一條天皇的母親）。

然而，這次光靠「御慎」還不夠。為了保護天皇免受熒惑星的災厄，另外進行了「咒術」和「祭祀」。只不過，當時一條天皇只有九歲，還沒有皇后。

因此，由天台方丈尋禪在比叡山延曆寺的惣持院進行了「熾盛光御修法」。「熾盛光佛」因佛的毛孔會發出燃燒的光焰而得名，「熾盛光御修法」是用佛的聖光來遮蔽火星發出的邪光，以抵擋熒惑之災。

8 譯註：一種儀式性的避忌。當占星術或其他預兆指示出可能的災難或不吉利事件時，透過避開某些活動或場所來祈求避免災禍。

另一方面，安倍晴明建議舉行「熒惑星祭」並獲得批准，不難看出當局想藉併行密教儀式和陰陽道儀式來加強防護的意圖，顯然他們認為只要其中一種有效就行了。

不過，當時安倍晴明並未執行熒惑星祭，因此八月十八日，他被要求提交「過狀」（檢討報告）（《小右記》）。至於為什麼他沒有執行則原因不明，或許當時的活動是由一條天皇的外祖父藤原兼家主導，是出於政治上的考量吧。

從國家占星術到個人占星術

我們再看一次安倍晴明的經歷。他在天德四年（九六〇）成為天文得業生，天祿三年（九七二）追隨恩師賀茂保憲的腳步，晉升為天文博士。陰陽寮裡天文博士最重要的任務是「天文密奏」。一如先前提到的熒惑星與軒轅女王星十分接近等，當天體運行出現異變，天文博士負責解讀預兆，祕密上奏天皇。這是唯有天文博士才能執行的權威職務（但此一系統在中世時期發生變化，詳見第三章）。

記錄顯示，天文博士安倍晴明總共進行了三次天文密奏。

> 天祿三年（九七二）十二月六日
>
> 前月二十日，歲星（木星）侵犯他星。當月四日，月亮與太白（金星）

接近。

天延元年（九七三）正月九日

二日，白虹圍繞太陽。五日，白氣橫跨艮和坤。七日，鎮星（土星）侵

犯東井第五星。

天延二年（九七四）十二月三日

三日，鎮星（土星）侵犯第四星。

（《親信卿記》）

天文博士密奏天體變異的職務，是基於中國天文學家的理論，即天界中星辰的異常運動被視為天帝向地上君王示意的方式。天體觀察和占星術，與國家運作密切相關，這就是「國家占星術」。

為了防範這些天體變異帶來的影響，密教開發出相應的修法，其中最具代表性的是真言密教（東密）的「大元帥法」以及天台密教（台密）的「熾盛光法」。這些修法是為了保護天皇與國家，消除「惡星之變怪」，完全是公家性質的修法。「天變消除」與鎮護國家息息相關。

然而，根據速水侑老師的說法，自十世紀以後，保護天皇，即保護國家的護國修

法，逐漸轉變為保護天皇個人的安泰。「天變」的意義，從示警將對國家運作帶來災禍，轉變為日月、五星的異變或妖星的出現，將侵犯天皇或貴族個人的「命宿」——即支配個人一生的星辰，從而縮短壽命（速水侑，一九七五年）。

關於這點，山下克明老師指出，「熾盛光法」是以印度占星術的知識為基礎，認為一個人的「本命宿」（根據出生時刻，月亮在二十七宿中的位置將決定一生的命運）受到妖星或惡星侵犯時，或者「本命宮」（根據出生時刻，太陽在黃道十二宮中的位置將決定一生的命運）受到日月、五星，以及會引起日蝕、月蝕的惡星（如羅睺、計都）侵犯時，那個人的命運將出現災禍。為了消除這些「個人的星厄」，就要施展「熾盛光法」（山下克明，一九九六年）。總而言之，「熾盛光法」的背景是基於「個人占星術」，亦即將個人命運與星辰運行結合起來的一種占星術。

那麼，個人占星術背後的「印度占星術」又是什麼呢？

安倍晴明與巴比倫文明有關係？

再確認一次，安倍晴明的陰陽道占星術是源自古代中國的「國家占星術」，主要用於預測國家命運。另一方面，古代中國也有傳入一些不同於國家占星術的印度系占星術書籍，例如用來占卜特定個人命運的「星盤占星術」（利用個人出生時各行星在黃道上的位置來進行占卜），十二宮與二十八宿等「星座」成為占卜的基礎。這些書籍有《摩登伽經》、《舍頭諫太子二十八宿經》，以及《都利聿斯經》、《聿斯四門經》等等，書名看似為佛教經典，其實內容竟然是占星術。

這種在印度發展起來的個人占星術，其實根源於希臘。大約在西元二世紀，住在埃及亞歷山卓的托勒密（Claudius Ptolemaeus）是當時最著名的天文學家與占星術師。他所撰寫的占星術書《占星四書》對印度占星術產生偌大的影響。希臘的占星術被大量引入伊斯蘭諸國，而在與伊斯蘭諸國有深厚交往的唐代，希臘的占星術透過伊斯蘭占星術傳入中國（藪內清，一九九〇年）。矢野道雄老師進一步指出，《聿斯四門經》可能是托勒密《占星四書》的敘利亞語或波斯語翻譯版，並認為「都利聿斯」其實就是托勒密這個名字的音譯（矢野道雄，一九八六年）。

在這樣的文明移動背景下，出現了西元前三〇〇年代亞歷山大大帝「東方遠征」以來的「希臘化文明」繁榮興盛。進一步追溯希臘占星術的根源，竟然發現它可以追溯到西元前三千年的「美索不達米亞文明」。特別是在西元前六〇〇年左右的卡爾迪亞王國（新巴比倫王國，現今伊拉克南部），天文學極為發達。順便一提，希臘將天文學（占星術）稱為「卡爾迪亞之學」。安倍晴明的陰陽道，其深層竟遠遠追溯到了西元前的美索不達米亞文明和巴比倫。星占術實為文明交流史的一部分（矢野道雄，二〇〇四年）。

這些印度系、希臘系的占星術書籍，成為有別於古代中國天文學和占星術的新知識與技術，在唐代廣泛傳播開來。這是一種可以占卜特定個人命運的占星術，而非國家的命運。然而，個人占星術並未在中國扎根，而是傳入日本並且發展起來，稱為「宿曜道」。

宿曜道與陰陽道之間的競合

在《源氏物語》開頭的〈桐壺〉卷中，為桐壺帝的兒子光源氏占卜命運的「宿曜道」人物登場，他們稱為宿曜師，也就是佛教系的占星術師。

「宿曜道」的基礎是平安時代初期，空海從唐國帶回的《文殊師利菩薩及諸仙所說吉凶時日善惡宿曜經》，簡稱《宿曜經》。內容包括二十七宿與十二宮的關係、二十八宿的性格、七曜侵犯各宿的吉凶、七曜及其在十二位上的吉凶等（山下克明，一九九六年）。

根據藪內清老師的說法，《宿曜經》作為佛典中的占星書是具有劃時代意義的，它綜合了印度系與伊朗系的占星術，被佛教徒視為最具權威的書籍之一。特別是將摩尼教徒使用的粟特語（Sogdian）詞彙「Mir」音譯成漢字「密（蜜）」而寫入了曆注中，表明該書是在廣泛的文化背景下形成的（藪內清，一九九〇年）。

然而，僅有《宿曜經》無法占卜特定個人的命運，因為個人占星術需要計算個人出生時星體位置的數理數據，也就是「曆書」。要用《宿曜經》占卜個人命運，就需要新的曆書，而這本新曆書正是天德元年（九五七），天台僧日延從吳越國請來的《符天曆》（桃裕行，一九七五年）。

有趣的是，請求朝廷從中國引進這本《符天曆》的人，正是安倍晴明的恩師賀茂保憲。因為賀茂保憲看出當時朝廷使用的《宣明曆》已經過時，並且知道中國最新的曆書是《符天曆》（桃裕行，一九六九年）。

也就是說，儘管賀茂保憲並不知道曆書上的數理數據對個人占星術的重要性，但帶來的結果是，以《符天曆》為基礎並使用《宿曜經》的印度系星盤占星術在平安時代的貴族社會中扎根，而承擔這項工作的是一群稱為宿曜師的僧侶團體。這就是「宿曜道」。

宿曜師的活動有時與陰陽師競爭對立，有時又互補合作。隨著宿曜道這一新興占星術的出現，陰陽師們也受到了刺激，開始涉足以往「國家占星術」所不涉入的個人占星術。

《符天曆》引入朝廷時，安倍晴明還是賀茂保憲門下學習天文占星術的天文生。

想必他也親身感受到了《符天曆》的引入與《宿曜經》帶來的新占星術動向。

永延二年（九八八年）八月七日，熒惑星變異引發了熾盛光御修法的執行……在這件事的背後，可以窺見占星術的歷史變遷。天界的星辰與地上眾人的生活及命運息息相關，這種意識逐漸在陰陽道中蔓延開來。安倍晴明觀察過的星星，已開始綻放出不同以往的新光彩。

就像這樣，安倍晴明的「記錄」全都是與他執行陰陽道的占卜、咒術、祭祀有關的現場活動。因此，他在逝世那年，寬弘二年（一〇〇五）留下的記錄，也都是陰陽道儀式的執行記錄。

首先，寬弘二年二月十日，藤原道長遷居到東三條宅邸時，安倍晴明進行了「移徙法」。移徙法是在入住新建的房屋之前，先鎮壓好木靈或土公神等神靈。如果不這樣做就直接入住，可能招致災禍。因此，安倍晴明奉藤原道長之命，在入住新宅前執行了移徙法。不過，安倍晴明居然遲到，讓藤原道長等他等了好一段時間（《御堂關白記》）。

之後，三月八日，中宮彰子前往大原野社行啟，安倍晴明奉命進行了反閇儀式，這件事在《小右記》中有記載。而這次記載，也是他出現在歷史記錄中的最後身影。根據《土御門家家傳》的記載，安倍晴明於當年九月二十六日逝世（書陵部所藏《陰陽家系圖》則記載為「十二月十六日」)，享年八十五歲。可以說，安倍晴明圓滿實現了身為「陰陽師」的一生。

第三章　中世時期，局勢動亂中的陰陽師

中世是武士的時代。這些活躍於戰場上的武士，與平安時代的貴族不同，不會過於神經質地忌避污穢，也不會受時間、方位等禁忌所束縛，普遍予人一種自由且理性的形象。於是出現一種說法，在武士的影響下，陰陽道中的禁忌、占卜與咒術皆被視為迷信，逐漸式微。

然而，歷史的真相並非如此。隨著源賴朝建立鎌倉幕府，安倍家族的陰陽師大量遷往關東，並為幕府效力。鎌倉時代的記錄《吾妻鏡》中，記載了多達上百名陰陽師的活動，其中不僅包括安倍氏，還有賀茂氏、惟宗氏、清原氏等多個氏族（赤澤春彥，二〇一一年）。到了室町幕府時期，甚至有陰陽師深受足利義滿重用，晉升至「從二位」這樣的公卿高位。

到了戰國時代，隨著戰爭日益頻繁，不少軍師都是陰陽師出身，因為陰陽道與兵學、兵法有著密切關聯。即使是燒毀佛教寺院、以理性著稱的織田信長，也有類似

陰陽師的小組參與軍議的情況。另一方面，豐臣秀吉則視陰陽師為「亡國亂源」，對他們進行澈底的鎮壓及排除。

到了中世後期，以天文與占星術為核心的陰陽道，開始受到新時代潮流的衝擊。例如，賀茂家的陰陽道引入以宋學為基礎的新天文學，並與領導中世神道界的吉田家建立連結。甚至當基督教傳入時，還出現了皈依「耶穌」的陰陽師。

另一方面，有關安倍晴明的傳說——他是信太森林的妖狐所生——也是中世時代的產物。

相對於安倍晴明等宮廷陰陽師，還有另一群稱為「陰陽法師」或「唱門師」的民間陰陽師，而傳播安倍晴明身世傳說的，就是這群人的後代。探究這個背景之時，一本名為《簠簋內傳》的神祕書籍浮現出來，書中提到的故事，竟與京都三大祭典之一的「祇園祭」也有關聯……

本章將帶領大家追尋那些在動亂時代中鮮為人知的陰陽師足跡。

首先，我們將介紹一位在平安末期至源平合戰時期活躍的陰陽師，名字叫做安倍泰親。

1 安倍晴明的後裔

「金神七殺方位」源自陰陽道？

於平安時代中期確立的「陰陽道」中，曆法部分據說由賀茂氏掌控，天文部分則由安倍氏獨占。這一說法源於傳說中賀茂保憲將「曆道」傳授給他的兒子賀茂光榮，將「天文道」傳授給弟子安倍晴明。而賀茂光榮與安倍晴明之間存在諸多矛盾的事，後世也有所提及。據說兩人曾因誰擁有更多傳承自賀茂家的「陰陽道」書籍而產生對立（《續古事談》）。這恐怕是因為原本安倍晴明只是賀茂氏的「弟子」，但由於才華與聲望過於卓越，導致賀茂氏方面出現反感吧。

然而，實際情況是陰陽道並非由安倍氏及賀茂氏獨占。到了平安時代後期，清原氏、中原氏、大中臣氏、惟宗氏等其他家族出身的陰陽師也大量出現（繁田信一，二〇〇四年），並在占卜和咒術能力上與安倍氏及賀茂氏互相競爭。

這種競爭不僅存在於陰陽道內部，還擴展到外部勢力。安倍晴明主要是與密教僧侶競爭，但到了平安時代末期，陰陽道與儒學者之間的衝突成為焦點。其中最具代表性的事件，便是針對「金神之忌」所展開的討論。

提到金神之忌，人們或許會聯想到「金神七殺方位」這項禁忌：如果不知道金神所在方位而冒犯，下場就是會有多達七人因此喪命。這項恐怖的禁忌，據說就是源自陰陽道。

然而，從平安時代末期的史料來看，強調金神之忌的並不是陰陽道，甚至也不是安倍氏或賀茂氏。那麼，究竟是誰讓金神之忌流行起來的呢？根據史料記載，最早傳播這項禁忌的是清原氏這個儒學（明經道）家族，提倡者是曾任大外記（太政官的書記官長官）的清原賴隆（九七九～一〇五三年）（《玉葉》，承安三年〔一一七三〕）。清原賴隆被譽為當時最傑出的學者，精通「明經、紀傳、算學、陰陽、曆法」等學問，他的才華在後世的《續古事談》中也有傳述。

對於那些因金神之忌而感到恐懼的貴族，安倍氏及賀茂氏的陰陽師皆表示，金神之忌只記載於儒學者使用的《百忌曆》中，陰陽道的權威書籍《新撰陰陽書》中並未提及，因此不必過於害怕。但這樣的解釋似未能讓人信服。再加上，陰陽道與儒學（明經道）在學問和知識上有許多相似之處，雙方經常發生知識爭奪戰。隨著安倍晴明的子嗣吉昌、吉平以及賀茂光榮的去世，到了平安時代末期，安倍氏與賀茂氏已不再擁有優秀人才，陰陽道的勢力便逐漸衰退（金井德子，一九五四年）。就在陰陽道勢力衰退之時，儒學者便提出了「金神之忌」這一禁忌。

那麼，為什麼「金神之忌」會在貴族之間流傳開來呢？

隨著保元之亂（一一五六）與平治之亂（一一五九）的爆發，以平氏和源氏為代表的武士勢力逐漸崛起，貴族社會的價值觀陷入混亂，無以形容的不安感於大眾間蔓延。在這種情況下，儒學者的主張逐漸取代了無法再有效處理貴族「不安」的陰陽師。儒學者所提出的「金神之忌」成功地解釋了貴族的恐懼，消除這種不安。請記住一點，「金神之忌」在後來的民間陰陽師世界中，將會再次出現。

在陰陽道處於劣勢的局面下，出現了一位挽回情勢的陰陽師高人。他是安倍晴明的第六代後裔——安倍泰親。

贏得「玄機妙算」封號的安倍泰親

治承三年（一一七九）十一月，一直與後白河法皇對立的平清盛最終拔除法皇三十九名近臣的官職，終止了院政，並將法皇幽禁起來。就在這場危機發生前，京都發生大地震。當時，一名陰陽師急忙趕到皇宮，對法皇預言說：「此次地震，占文所示，危機甚重，慎勿輕視。」

這名陰陽師正是安倍泰親。他是安倍晴明的直系後裔，從晴明傳至吉平，再到時親、有行、泰長，最後傳至泰親。

《平家物語》這樣描述安倍泰親：

此泰親，承晴明五代之苗裔，窮究天文之源，推演瞭若指掌，一事無差，故人稱「玄機妙算」。曾遭雷擊，狩衣之袖遭雷火燒焦，然其身無恙。自上古至末世，皆罕見若此奇才者。

（《平家物語》卷第三「法印問答」）

安倍泰親這名陰陽師因精通天文，而且占卜結果從未失誤，獲讚譽為「玄機妙算」。傳說中，他曾經遭遇雷擊，但身體毫無損傷。根據記載，承安四年（一一七四）六月二十二日，安倍泰親的住所確實遭遇了雷擊（《百錬抄》）。因此，他被譽為上下古今皆無出其右的傑出人才……。

「窮究天文之源」的安倍泰親，究竟天文占卜功力有多高深呢？

九條兼實的日記《玉葉》裡多次提到安倍泰親的天文占卜。例如在安元二年（一一七六）十月二十五日，安倍泰親前來拜訪，告知太白星（金星）正在接近並侵犯了太微右執法星（即處女座的β星。太微垣被認為是太一神——即北極星——所居住的宮殿，而右執法星則象徵輔佐朝廷的右大臣），因此建議右大臣九條兼實應該謹慎行事。這是依據《漢書．天官書》與《晉書．天文志》所進行的天文占卜。

次年，即安元三年（一一七七）二月十日，他又報告火星逆行進入太微垣的事。

火星的「逆行」是什麼意思呢？包括火星在內的太陽系行星，因為繞行的軌道面與地球相同，因此通常看起來會在天體之間由西向東移動，稱為「順行」。但各個行星的運行速度不同，當地球超越它們時，從地球上看，它們的運行方向會反轉成由東向西，稱為「逆行」（湯淺吉美，二〇〇九年）。順帶一提，「惑星」這個名稱的由來，就是源於這種複雜的運動（出雲晶子，二〇一二年）。從現代天文學的知識來看，這種現象根本不足為奇，但在古代及中世的天文占星術中，火星「逆行」進入太微垣，是一種朝廷動亂的可怕預兆。

值得注意的是，「鹿谷陰謀」——後白河法皇的近臣策劃推翻平清盛家族的事件——於這一年的六月被揭發，成為「治承・壽永之亂」的開端。當時的天文現象似乎正好反映了這種政治動亂的氛圍。

確實，在此期間，許多預示兵亂、大火災、災厄等事件的天文占卜陸續傳到了九條兼實的耳中，這是一個動蕩的時代。然而，根據湯淺吉美老師的研究，這些天文占卜與密奏中，可能夾雜了天文博士和陰陽師方面的「恣意」與「思量」（湯淺吉美，二〇〇九年）。這些天文占卜很可能是對政治局勢的解讀。安倍泰親被譽為「窮究天文之源，推演瞭若指掌」，或許也意味著他在政治判斷上相當準確。

因此，安倍泰親獲得九條兼實的信任，贏得「末世之珍重，一道之榮譽」（《玉葉》）

的美名，並為九條兼實主持了泰山府君祭等儀式（村山修一，一九八一年）。

「晴明神話」的傳播者？

此外，安倍泰親還因占卜出高倉天皇的中宮建禮門院德子將產下皇子而大受稱讚，這一預測佐證了他占卜的準確性。當時，安倍泰親宣稱自己的「推條」占卜法源自「晴明流」，並講述安倍晴明曾經準確預測箱中物品的逸事（長門本《平家物語》卷五〈陰陽頭泰親占事〉）。他強調自己的占術是「晴明流」，除了表示安倍晴明是自家祖先，同時定調陰陽道的「流儀」乃是安倍晴明所創。

安倍泰親講述一些逸事，彷彿安倍晴明具有特異功能般，這件事也很有意思。不難推測，後世傳頌的安倍晴明傳說，把他捧成「天下無雙的陰陽師」，就是起源自安倍泰親的時代。許多人宣稱自己的祭祀、咒術、占術乃傳承自「安倍晴明」，可以說，正是這些人創造出了安倍晴明具特異功能的傳說與神話（武田比呂男，二〇〇二年）。

這種情況，讓人進一步思考到陰陽道與其他宗教的競爭，甚至是陰陽道內部的競爭關係。前文已提及陰陽道與密教、陰陽道與儒學之間的競爭與相互影響，而安倍泰親在此背景下，還面臨著同在陰陽道內部的賀茂家的對抗，甚至在自己安倍家內部的對立也不小。平安時代末期，安倍家已經分為三個分支，在安倍泰親這一代，家業中的「天文道」競爭愈發激烈。他甚至對九條兼實提到，某個非安倍家的陰陽師因占卜失誤而遭天譴，暴斃身亡，以此來強調自己才是安倍晴明的真正繼承人（《玉葉》，嘉應元年〔一一六九〕）。

關於安倍泰親的主張，近年來，山下克明老師透過「晴明邸宅」繼承訴訟事件，揭示了一些有趣的事實（山下克明，二〇〇二年）。

長承元年（一一三二）五月十五日，安倍泰親與族人安倍兼時（後來改名為晴道）之間，發生了一起為爭奪安倍晴明舊宅邸「土御門之家」繼承權的訴訟事件（《中右記》等）。安倍兼時（晴道）作為家門之長似乎占了上風，但不難想像在這起事件背後，安倍家內部已因「陰陽道」的優劣競爭而產生激烈的對立。

最終，安倍泰親似乎贏了這場訴訟。他主張「土御門之家」是「公家御祭」——即為天皇舉行陰陽道祭祀，特別是泰山府君祭的祭庭。泰山府君祭是安倍晴明發明的祭祀，是安倍家陰陽道的主幹。安倍泰親宣稱這種祭祀必須在安倍晴明的邸宅舉行才能提高功效。這種宣稱等於又創造了一種新的「神話」。安倍泰親稱「土御門之家」為「靈所」，向貴族宣傳在此地舉行泰山府君祭具有強大的靈驗。

山下克明老師推測，安倍泰親將「土御門之家」靈所化的言論，可能促成了《今昔物語集》中記載的安倍晴明宅邸中傳出式神聲音的靈驗奇譚。安倍泰親無疑成為宣傳晴明神話的關鍵人物。這些晴明神話最終不只在「安倍家」，還逐漸傳播到民間社會中的陰陽師圈。至於這些神話是如何擴散的，後面再進一步探討。

順帶一提，就訴訟事件的史料研究來看，過去認為是安倍晴明宅邸的京都「晴明神社」，其實是後來傳說下的產物，真正的舊址應該是位於現今京都市上京區「京都布萊頓飯店」的停車場西側附近（山下克明，二〇〇一年；山田邦和，二〇〇二年）。而江戶時代的「葭屋町晴明社」（現今的晴明神社）當時與安倍家無關，居住在那裡的是「愛宕的僧侶」（愛宕山的行者）（梅田千尋，二〇〇二年）。這些驚人的發現將在下一章深入探討。

失落的「草薙劍」與陰陽師

治承四年（一一八〇）八月，源賴朝舉兵，開啟了討伐平家的戰爭。這場戰爭直到壽永四年／文治元年（一一八五）三月，源義經率領的源氏軍將平家軍打到毀滅性敗北才終於結束。這便是世人所稱的「壇之浦之戰」。在這場戰役中，源義經肩負了另一項重要任務——奪回隨安德天皇帶走的三種神器。混戰之中，雖然成功收回內侍所的神鏡（八咫鏡）與神璽（勾玉），但二位尼（平清盛之妻時子）腰間佩戴的寶劍（草薙劍），卻隨著年僅八歲的幼帝安德天皇一同沉入海底，最終遺失。寶劍是象徵皇位的神器，如今失落，堪稱史無前例的重大事件。

朝廷因此請陰陽寮占卜，看看失落的寶劍能否尋回。負責這項占卜工作的是安倍泰親的兒子泰茂（泰重）。安倍泰茂占卜後認為，寶劍並未被龍宮收納或流落到他州，只要以寶劍沉沒地點為中心，在五町範圍內進行搜尋，預測可在三十五日內找到。不過，最終還是沒有找到（村山修一，一九八一年）。值得一提的是，安倍泰茂和他父親一樣，都是被譽為「稽古之者」（《玉葉》文治四年五月條）的傑出陰陽師。

失去草薙劍的後代天皇們，似乎以「晝御座御劍」或「伊勢神宮神劍」等寶劍作為替代品來進行即位儀式（大石良材，一九七五年）。另一方面，《平家物語》則提到了寶劍再也無法回到天皇手中的原因，並引用一位「博士」的上奏內容：

> 其間，有博士曰：「昔於出雲國簸河上，素戔嗚尊所斬之大蛇，深惜靈劍，遂以八頭八尾為其表象。至人王八十代之後，化為八歲天子，復取靈劍，沉於海底。」言及千尋之海底，神龍以此為寶，故再不歸於人間，理當如此也。
>
> （《平家物語》卷第十一〈劍〉）

陰陽寮的博士表示，昔日被素戔嗚尊斬殺的大蛇八岐大蛇，因為對靈劍懷著深深的眷戀，於是取自己八個頭、八個尾巴的意象，化身為第八十代天皇，即八歲的安德天皇而取回靈劍，並將它帶入海底，成為神龍的寶物，因此靈劍無法重回人間也是有其道理的……

草薙劍原本就是從素戔嗚尊所斬殺的八岐大蛇的尾巴中發現的。《古事記》與《日本書紀》中記載，素戔嗚尊將發現到的「都牟羽太刀」獻給天照大神，這把劍後來成為三種神器之一的寶劍——草薙劍。天皇王權的象徵物，本來就是素戔嗚尊從大蛇那裡奪來的。

陰陽道的博士透過占卜所說的這番話，雖然是以《古事記》與《日本書紀》的神話為基礎，但也可以說是中世時期重新創造的一則神話，是近年來受到大眾關注的「中世神話」之一。換句話說，這是以「神話」為基礎，講述「草薙劍失落」這起中世事件的一種方式。在中世人們的心目中，八岐大蛇已經蛻變為「神龍」，它的居所被認為是「龍宮」，安德天皇則被認為是八岐大蛇，即神龍的化身。這種在現代人看來「荒誕不經」的想法，當時的人們卻視為理所當然。順帶一提，安德天皇以龍神化身之姿回歸大海的說法，也出現在出身藤原攝關家的當代一流學者慈圓（一一五五～一二二五年）所著的《愚管抄》中。

此外，寶物一旦納入「龍宮」便不再回歸人間的這種觀念，似乎也是源自當時的佛教知識。相傳，當人類墮落導致佛法即將滅亡，經典與教法會離開人間，進入「龍宮」（《溪嵐拾葉集》），可見兩者觀念相通（山本弘子，一九九三年）。作為王權象徵的草薙劍被納入「龍宮」，這一觀念與「末世」思想融合在一起，暗示天皇權威的衰弱。先前泰茂（泰重）占卜寶劍「是否納入龍宮」，顯然與這一點有所關聯。

話說回來，安德天皇的母親建禮門院德子是平清盛的女兒。也就是說，安德天皇是平清盛的孫子。由於德子入宮後遲遲沒有懷孕跡象，平清盛便前往守護平家一門的嚴島神社祈求神明保佑，結果安德天皇誕生。而嚴島神社的祭神就是龍神。從這個意義上說，安德天皇也是龍神賜予的孩子。此外，還有傳說稱平清盛死後成為「龍神」，在京都引發了地震。

即使如此，安德天皇是八岐大蛇的化身這一說法，竟能言之鑿鑿地流傳開來，令人驚訝。這也顯示當時並沒有「天皇為萬世一系」這種近代意識，荒謬的神話才能被理所當然地接受。此外，值得注意的是，這些中世神話的傳播者之一是「博士」及陰陽師。

2 陰陽師的「戰國時代」

鎌倉幕府時期的陰陽師實況

那麼，在源賴朝打倒平家後創立的鎌倉幕府時代，陰陽師又是如何進行活動的呢？

一般認為鎌倉幕府與禪宗關係匪淺。然而，根據最近的研究發現，鎌倉時代的鶴岡八幡宮成為密教僧與禪僧進行祈禱的主要據點，祈禱活動十分興盛。此外，大量陰陽師前往鎌倉，展開足與平安時代匹敵，甚至更加超越的各類「陰陽道祭」，規模與數量都十分驚人（佐佐木馨，二〇〇二年）。《吾妻鏡》中記載了超過百名陰陽師的相關事蹟（金澤正大，一九七四年）。還有人指出，幕府中不僅有密教僧、禪僧、陰陽師，還有來自密教系占星術流派的「宿曜師」進行獨特的宿曜祈禱活動（戶田雄介，二〇〇七年）。可以說，鎌倉幕府創造出了一個由密教、禪宗、陰陽道、宿曜道相互聯動與競爭的新祈禱祭祀體系。

鎌倉幕府的陰陽道祭，在第三代將軍源實朝去世，進入從京都迎來的藤原賴經將軍執政時期後，變得更加顯著。陰陽道作為「京都文化」的一部分，如同「蹴鞠」這種踢球遊戲一樣，也被引進鎌倉。順帶一提，第四代將軍藤原賴經是攝關家九條道家的三男。

來到關東的陰陽師，大多數是安倍家的旁系。尤其是第三代將軍源實朝遭暗殺之後，那些負責為源實朝祈禱的陰陽師無法返回故鄉，許多人就這樣定居在關東（新川哲雄，二〇〇一年）。隨後，這些陰陽師被稱為「御簡眾」，正式成為幕府的一員，「幕府陰陽師」於焉誕生。對陰陽師而言，這意味著他們從單純的個人祈禱師，升級為保護幕府權力的靈性防衛者，成為更具公共性的重要存在。

那麼，幕府的陰陽師到底進行了哪些陰陽道祭祀呢？根據《吾妻鏡》的記載，以下各種多樣的陰陽道祭祀出現了：

天地災變祭、屬星祭、太白星祭、鬼氣祭、三萬六千神祭、咒詛祭、熒惑星祭、大土公祭、泰山府君祭、天曹地府祭、風伯祭、水神祭、鷺祭、百怪祭、月曜祭

其中，許多祭祀曾在平安貴族社會中舉行過，但也有不少是在鎌倉時代新創的。看來，鎌倉的陰陽師在武士社會中還創造出不少有別於貴族社會的新型陰陽道祭祀，特別是「風伯祭」、「水神祭」、「鷺祭」等，似乎在民間社會也找到了共鳴（室田辰雄，二〇〇七年）。此外，還出現許多臨時雇用性質的業餘陰陽師，負責輔助陰陽道祭祀

的進行，而他們都不是安倍氏系統出身的專業陰陽師。這顯示「陰陽道知識」已全面擴散至一般社會中了（赤澤春彥，二〇一一年）。

另一種泰山府君祭

接下來，讓我們從「泰山府君祭」的執行過程，來看看幕府陰陽師的特點。正如第二章所述，泰山府君祭是由安倍晴明開創，並成為安倍家陰陽道核心的祭祀活動。這個祭祀儀式自然也被幕府陰陽師繼承下來，例如，建曆元年（一二一一）十一月三日，他們同時舉行了「泰山府君祭」與「歲星祭」，顯示泰山府君祭經常與其他陰陽道祭祀活動一同進行。尤其是在源賴朝的妻子「尼將軍」北條政子病重時，不但舉行泰山府君祭，也一併舉行了天地災變祭、咒詛祭、屬星祭、三萬六千神祭、大土公祭等多種陰陽道祭祀活動（元仁二年（一二二五）六月二日）。

由此可知，對幕府陰陽師而言，「泰山府君」已從作為病痛治療、祈求延年益壽的陰陽道最高神祇，逐漸變成與其他神祇並列的「眾神之一」，甚至是守護幕府權力的眾多神祇之一。換句話說，維護幕府權力需要很多種陰陽道祭祀，而泰山府君祭只占其一而已。

另一方面，在平安末期到鎌倉前期，可能還有一個與安倍家陰陽師不同系統的泰山府君祭存在。這個泰山府君祭出現在平安末期至鎌倉初期的《水鏡》與鎌倉前期的《古事談》等文獻中，由藤原有國主祭。故事講述藤原有國的父親輔道在赴任豐後國時突然去世，有國便「如法」舉行泰山府君祭，結果竟奇蹟地讓已故的父親復活。

值得注意的是，在這個故事中，泰山府君祭是由「非其道者」進行的，因此藤原有國差點被帶入冥界，但最終因為他的「孝心」而得救。

由此可見，泰山府君祭應為「其道者」即安倍家陰陽師專有，這種認知在當時已形成共識（三橋正，二〇〇〇年），但相對地，在地方上可能也有非官方系統的「陰陽師」在進行泰山府君祭，顯示當時「泰山府君」的神格十分多樣化（Premoselli Giorgio，二〇一四年），而這點應該與中世時期「陰陽師」逐漸向地方社會分散出去有關。

足利義滿的「簒奪王權計畫」與陰陽道

儘管克服了「蒙古襲來」[1]的危機，但由於執權[2]北條氏對權力的壟斷，鎌倉幕府

1 譯註：即「元日戰爭」，元帝忽必烈與屬國高麗在一二七四年及一二八一年兩度派軍侵略日本而引發的戰爭。

2 譯註：官職名，原為輔佐將軍，後來成為幕府政權的實際支配者。

逐漸衰弱，最終在對戰足利尊氏與後醍醐天皇組成的「聯合軍」時敗北並瓦解。然而，推翻幕府後，足利尊氏與後醍醐天皇之間出現對立，足利尊氏擁立北朝天皇而成立新幕府，即室町幕府。從此，開啟一段動亂不安的時代，史稱「南北朝內亂」。

而結束這個動亂時代，藉公武合體[3]以形成新秩序的，是武家政權的主宰者「室町殿」，即第三代將軍足利義滿（一三五八～一四〇八年）。

傳統研究認為，陰陽道在平安時代達到巔峰，但在鎌倉時代及室町時代逐漸衰微。然而，近年的研究否定了這種看法，認為室町時代的陰陽道迎來了比鎌倉時代更為繁盛的「繁榮期」（柳原敏昭，一九八八年）。

證據之一是安倍家的嫡系陰陽師安倍有世晉升至「三位」官階，成為「公卿」。後來更繼續晉升至「從二位」，遠遠超越了祖先安倍晴明的「從四位下」。並且，安倍有世將安倍家改名為「土御門」，以示其作為公卿的地位。順帶一提，賀茂家也同樣晉升至「三位」，獲得朝謁天皇的資格，並改名為「勘解由小路」。

安倍家與賀茂家的陰陽師為什麼能夠出人頭地呢？在幕府掌權下，除了會在主要祈禱中心室町第與北山第（現今的鹿苑寺，即金閣寺）舉行密教修法活動外，也會另外舉行名為「外典祭」的陰陽道祭，而後者就是由安倍家與賀茂家的陰陽師擔綱。安倍有世經常攜帶祭文與都狀前往北山第給足利義滿簽名，然後為將軍進行「身固」儀式，祈求身體健康，並取得「撫物」（於祓禊等儀式中，用來作為替身的人偶及物品），再回到安倍家的私宅進行祭祀活動（柳原敏昭，一九八八年）。這些陰陽道祭有「三萬六千神祭」、「天曹地府祭」及「泰山府君祭」。安倍有世之所以堅持在私宅中舉行，推測是因為這裡自安倍晴明以來，一直被視為陰陽道靈所的關係吧。

儘管安倍有世仍是朝廷陰陽寮的一員，但他的陰陽師活動似乎逐漸傾向幕府，其中最具象徵意義的是「天文密奏」。天文密奏是由天文博士向天皇密奏，職位之權威不言可喻（詳見第二章）。然而，安倍有世的兒子天文博士土御門有重，竟然將應當向天皇密奏的占文給了「室町殿」足利義教（富田正弘，一九七八年）。這一轉變可能從安倍有世時代就已經開始了。

陰陽道與幕府權力之間的緊密聯繫，反映出將軍足利義滿的政治意圖，即試圖在思想、信仰等「觀念領域」中，取得對王朝勢力的優勢，並且吸收王朝勢力的影響力（柳原敏昭，一九八八年）。此外，今谷明老師根據近期陰陽道研究的成果指出，足利義滿的一系列行動背後，存在著取代天皇王權的「篡奪王權計畫」（今谷明，一九九〇年）。雖然足利義滿的「計畫」最終未能實現，但這一背景揭示了為何「天皇體

3　譯註：聯合朝廷（公家）與幕府（武家）勢力，對幕府權力進行改造。

制」能在日本社會持續存在的重要關鍵。陰陽道的問題同樣在這個思考上占據了重要位置。

陰陽道祭也蓬勃發展了嗎？

確實，到了室町時代，安倍與賀茂兩家都入列高居「公卿」之位，繁榮程度令人驚嘆。相較於密教與神祇官，陰陽道一直被視為「外典祭」（低於神祇祭），因此能與神祇官並列可說是劃時代之舉。即使在室町時期，他們多數仍被蔑稱為「陰陽道之輩」（《愚管記》康曆二年〔一三八〇〕）。

話雖如此，安倍氏及賀茂氏的陰陽師自從與室町幕府權力結合後，已取得現世中的榮華富貴，這點無庸置疑。

那麼，他們所執行的「陰陽道祭」又是怎樣的內容呢？在與密教僧、神祇官及儒學者的競爭中，平安時代的陰陽師開發出許多祭祀和咒術，與之相比，室町時代安倍氏和賀茂氏的陰陽師所執行的祭祀次數雖有增加，但種類卻顯得單一化了（柳原敏昭，一九八八年）。一如前述，作為公家祭祀而執行的，大約只有泰山府君祭、天曹地府祭及三萬六千神祭而已。鎌倉時代多樣化的陰陽道祭幾乎消失，取而代之的是與幕府權力結合的祭祀。

「三萬六千神祭」便是這一變化的象徵。例如，根據明德四年（一三九三）六月八日的「三萬六千神祭都狀」記載，裡面列舉出各種陰陽道的神祇，但只是單純祭拜以祈求對「將軍」的庇佑，非常形式化。也就是說，祭拜這些陰陽道神祇並非因為祂們個別的來歷或功能，而只是把名字羅列出來，流於一種形式化的「儀式」。同樣地，為足利義滿消災解厄而抄寫的「泰山府君祭都狀」（應永二年（一三九五）），也不過是一種定型化文書罷了。

安倍家的陰陽道與「權力」緊密結合，可能因此確立了他們的政治地位。然而，這不也使得陰陽師逐漸喪失他們作為宗教者的本質？顯然他們已無法因應時代現實而開創出新的陰陽道祭了。

另一方面，賀茂氏所專研的曆道以及相關的天文學知識則有了新的動向。接下來將介紹這部分。

宋學、天文學與陰陽道的結合

在第四代將軍足利義持的治世期間，陰陽道的一本曆書於應永二十一年（一四一四）編纂完成，書名為《曆林問答集》，由賀茂在方（？～一四四四年）撰述。這本書的內容主要基於賀茂家的祖先賀茂保憲所撰的《曆林》，以問答形式解釋當時廣為流傳的陰陽道與曆數（曆道）知識，堪稱是陰陽道曆注手冊。據說本書最初由賀茂家的陰陽師祕藏，後來才被部分宮廷知識分子抄寫並傳播開來。

那麼，《曆林問答集》記載了哪些天文知識呢？書中開頭的「釋天地第一」中，描述了以下的天體觀（根據原文意譯）：

> 天地是如何構成的呢？根據《渾天儀經》，天覆蓋著地，天是廣大的，而地則是小的，位於天之內。天的內外都充滿著水，天地之間互相承載著氣而存在，並且承載著水而運行。

《渾天儀經》是由古代中國天文學家張衡所撰的文本。所謂「渾天說」，是古代中國的一種天體觀，認為天是大到包圍地球的，而地球則小小地處於天的內部。

在此之前，通常採用的是大約西元前一四〇年的道教書《淮南子》（傳為前漢淮南王劉安所撰）中的「蓋天說」，主張「天」為圓形而「地」為方形。中國天文學家長年為蓋天說與渾天說爭論不休，但在《晉書．天文志》確認了渾天說之後，渾天說便逐漸成為定說。渾天說將天視為一個旋轉的球體，並設定了黃道及赤道的位置，這樣就可以描述並計算太陽、月亮以及五大行星的運動，從而制定「曆法」（山田慶兒，一九七八年）。

此外，《曆林問答集》還引用宋學大師朱熹的宇宙論，說明天是從東向西旋轉，即「左旋」，而太陽、月亮與五大行星也同樣左旋，這就是所謂的「左旋說」。這種天文學說認為，相對於恆星是在假想的球面上運行，其他諸星（日月五星）則有各自的軌道，但實際上它們與天是朝同一方向運行的。此外還提出了一種論點，認為太陽的運行速度，比起天體在一日一夜之間圍繞地球旋轉「三百六十五又四分之一度」的速度還要慢上「一度」（山田慶兒，一九七八年）。

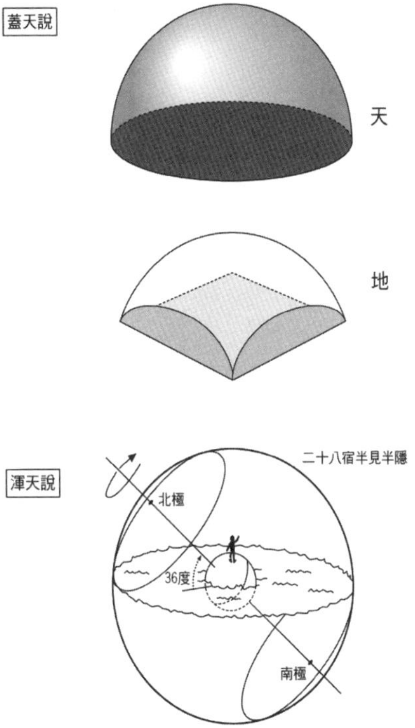

渾天說與蓋天說的概念圖。

由此可見，十五世紀賀茂家專研的曆學與天文學，可說在吸收當時最先進學說上下了相當工夫，致力於編撰出更精確的曆數。當然，無論是中國的蓋天說還是渾天說，都是基於「天動說」，從現代天文學的角度來看，這些學說可能會被視為「不科學」。然而，當時的陰陽道從業人員能夠敏銳地採用最新天文知識，並融入自己的學問之中，對於這點，我們應該給予大大的肯定才對。

此外，賀茂家撰述的《曆林問答集》中的知識，也對陰陽道以外的領域產生重大影響，例如中世神道說的世界。

以天文學解釋的天照大神

先來談談卜部氏。這是古代朝廷中負責祭祀與占卜的神祇官家族，而且是擁有「傳統」的祭祀氏族。相較於神祇官中的中臣氏與忌部氏，卜部氏的職位較低，但在平安時代後期，卜部氏逐漸崛起，成為在「有職故實」[4]以及《日本書紀》研究領域中具有重要地位的一個學問家族。

到了鎌倉時代，卜部氏已贏得「日本紀之家」美名，成為《日本書紀》研究上首屈一指的權威，而最初的研究成果就是鎌倉中期，由卜部兼文與其子兼方編纂的具系統性的《日本書紀》注釋書《釋日本紀》。進入室町時代後，卜部氏中出現了一個壟斷吉田社（位於現今京都市左京區吉田神樂岡町的吉田神社）神主職位的家系，稱為卜部吉田家。

卜部吉田家出現了一位具有非凡學識、實踐能力及政治能力的人物，那就是吉田兼俱（一四三五～一五一一年）。吉田兼俱復興了平安時代的「日本紀講」，即關於《日本書紀》的公開講座與註解，因而成為著名的神道家。在為貴族舉行的講座中，吉田兼俱對於《日本書紀》中提到的天照大神的三個稱號「大日孁貴」、「天照大神」以及「天照大日孁貴尊」進行如下的解釋。

天有三個位置。冬至、時正、夏至，分別是三個時刻。太陽神的位置隨這些時刻而變動。冬至時，太陽從東南方（巽方）升起，至西南方（坤方）落下。此時陰氣逐漸增強，白晝變短，這就是太陽神的力量減弱，因此稱為「大日孁貴」。從冬至開始，經過九十多天，太陽從中天的東方（卯方）升起，西方（酉方）落下，這是時正；這時晝夜等長，稱為「天照大神」。再過九十多天，太陽從東北方（艮方）升起，至西北方（乾方）落下，這是夏至，稱為「天照大日孁尊」。「天照大神」是太陽在中天位

4 譯註：又稱「有識故實」，是在儒學明經道、紀傳道的影響下出現的對日本歷史、文學、官職、朝廷禮儀、裝束傳統進行考證的學問。

置時的稱號。

《神書聞塵》

如果天照大神是唯一且絕對的太陽，為什麼會有三個不同的稱號呢？吉田兼俱從天體上太陽位置的變化來解釋這一點。也就是說，當白晝變短、光線變弱的「冬至」，稱太陽為「大日孁貴」；當晝夜等長的「時正」（即秋分與春分），稱太陽為「天照大神」；而當白晝最長的「夏至」，稱太陽為「天照大日孁尊」。透過冬至、時正、夏至等天體上太陽的運動及位置的變化，吉田兼俱證明了天照大神即是太陽本身，並以此論證天照大神的超越性。

從現代的觀點來看，這樣的論證或許令人發笑，但我要說的是，我們可以從吉田兼俱的這些知識裡，看到當時最尖端的天文知識。除此之外，吉田兼俱對於著名的「天岩戶」神話中，天照大神從岩戶出來後，為了防止她再度返回岩屋而設置注連繩的這一段情節，做了如下的解釋。

太陽神的光芒如此美麗。所謂的三百六十五又四分之一度，正是太陽神的美德。設定結界，拉起注連繩。注連繩是左旋的，也稱為左繩。天道

> 向左旋轉，太陽也隨之旋轉。繩子的末端，正是太陽散發之氣所形成的星辰。
>
> （《神書聞塵》）

看起來的確又是一番荒誕不經、牽強附會的言論。不過，將「注連繩」解釋為「左繩」（即以左旋的方式纏繞繩索），並由此推論出「天道」與「太陽」向左旋轉的說法，以及「所謂的三百六十五又四分之一度」，其實是基於十五世紀當時最新的宋代天文學知識而來的。吉田兼俱似乎是從宮廷曆道部門的賀茂在方所撰寫的《曆林問答集》中，獲得了這些天文學知識（小川豐生，二〇〇八年）。

過去大家對於包括卜部氏在內的中世《日本書紀》研究與註解，多視為荒誕不經、牽強附會的說法，並未列為研究對象。但是近年不一樣了，人們開始研究這種運用「註解」方式來重新解讀《日本書紀》原典，創造出中世特有神話的成果，並給予高度評價，這就是「中世日本紀」的研究（伊藤正義，一九七二年；阿部泰郎，一九九九年）。吉田兼俱的註解，可以說是運用當時最新天文學知識來重新解讀《日本書紀》，因而創造出來的中世神話（中世日本紀）（齋藤英喜，二〇一二年 a）。

卜部吉田家與賀茂家之間有著深厚的交流。先前提到的《曆林問答集》的抄本中，其中一個文本的後面有一篇附有〈文明十二年六月　日　神祇長上正三位　卜部朝臣兼俱〉的後記（中村璋八，一九八五年）。可以推測，吉田兼俱對此書應該非常熟悉。顯然，吉田兼俱的天文學知識是從此書得來的。

此外，賀茂在方的孫子在盛曾經上過吉田兼俱的《日本書紀》講座，也接受神道的祕傳，因此，或許吉田兼俱也從賀茂在盛那裡學習到賀茂家的曆學與陰陽道（小川豐生，二〇〇八年）。吉田兼俱還有許多有趣的話題，這些部分我就留在拙著《人們如何解讀古事記？》（古事記はいかに読まれてきたか）一書中詳述（齋藤英喜，二〇一二年a）。

「應仁文明之亂」與陰陽師的命運

應仁元年（一四六七），山名持豐、畠山義就、斯波義廉等人（西軍）起兵，細川勝元等人（東軍）與之對抗，戰火蔓延至京都各地，許多寺院與宅邸慘遭燒毀。這便是人稱「應仁之亂」的開端（近年來亦稱為「應仁文明之亂」）。戰鬥波及眾多地方豪族及守護大名[5]，遍地烽火，情勢堪稱內亂。文明九年（一四七七），在京都戰鬥的豪族與大名陸續返國，暫時結束了「應仁之亂」。然而，隨著幕府和朝廷權力的衰落，守護大名之間的戰爭開始擴及整個日本列島，開啟所謂的「戰國時代」。

那麼，一直待在足利幕府核心的安倍氏與賀茂氏，他們的陰陽道又是如何在這個亂世中生存的呢？

格外受到足利將軍重用的安倍家族成員，他們離開戰火中的京都，暫時到若狹國的名田庄內避難，這裡是他們的領地。曾經擔任陰陽寮最高官職「陰陽頭」的安倍有春，以及他的兒子有脩，很多時間都住在若狹國，即使回到京都，也不得不過著「寄宿般的生活」（木場明志，一九八五年）。

另一方面，在賀茂家這邊，也有一些人與西國的守護大名大內氏建立關係。與細川氏因爭奪瀨戶內海霸權而對立的大內政弘，在應仁文明之亂開始時前往京都，成為西軍的主力。到了文明九年（一四七七），他返回本國，並在石見國、安藝國擴展勢力。據說在他回國的時候，賀茂在宗跟隨他到周防國去（末柄豊，一九九六年）。待在周防國的賀茂在宗，後來就負責為大內政弘進行

位於若狹的安倍家族墓地。

5 譯註：由幕府任命的地方統治者。

天文占卜以及「身固」等陰陽道的祭祀活動。將向來為幕府或朝廷服務的中央陰陽師招攬至領國，讓他們進行陰陽道的祭祀，此舉被認為在某種程度上，彰顯出守護大名與幕府、朝廷之間的權力競合關係（森茂曉，一九九六年）。

因此，應仁文明之亂似乎成為一個契機，讓在中央活動的安倍氏、賀茂氏的陰陽師分散到地方去。我們也完全可以想像，在地方活動的「民間陰陽師」中，必有一派是由京都「流散」過來的陰陽師所組成的。

然而，進入到各國守護大名、戰國大名[6]之間爭戰不休的「戰國時代」後，陰陽道宗家之一的賀茂家面臨了斷絕危機。永祿四年（一五六一），上杉謙信與武田信玄在川中島作戰，四年後，賀茂家宗長賀茂在富去世，沒有留下繼承人，賀茂家的嫡系就此斷絕。為了重振「曆道」，於是安倍家中有人過繼到賀茂家，這個人是安倍有春的次子，當時年僅十三歲，後來改名為賀茂在高（木場明志，一九八五年）。

不過賀茂家又發生了更令人震驚的事情，那就是賀茂家的陰陽師竟然改皈依基督教了。

改皈依基督教的陰陽師

十六世紀後期基督教剛傳入日本時，傳教士都是透過講述天文與地理等「科學性」知識來進行傳教活動。當時，許多日本人對天體的運行、月蝕、月相變化等的原因充滿興趣，積極向傳教士詢問；許多傳教士表示，詳細解釋這些天文知識「讓日本人非常震撼」。

對傳教士來說，天文學並不只是業餘的愛好而已。天文學被視為神學的附屬學問，用來證明宇宙間的確有神所主宰的秩序，進而證明「天主」是唯一的創造神。這種天文學稱為「自然神學的天文學」。據說，派遣到日本的傳教士都必須具備天文學知識（海老澤有道，一九五八年）。

在這樣的背景下，以耶穌會司祭身分，於永祿六年（一五六三）來到日本的葡萄牙傳教士路易士・佛洛伊斯（Luís Fróis），在他的著作《日本史》中提到京都最早皈依基督教的「日本最權威的天文學者」兼「公家」的「秋正」的故事。據說，這位「秋正」在聽到基督徒對日蝕、月蝕及天體運行的解釋後深表信服，於是在京都受洗，成為第一位基督徒（海老澤有道，一九五八年）。這位「秋正」其實就是繼承賀茂家曆道的賀茂在富的兒子賀茂在昌（木場明志，一九八五年）。賀茂家的衰落，或許部分原因就出在賀茂在富的兒子改信了基督教。

6　譯註：戰國時代，無須幕府任命而實質掌控權力的大名。

然而，賀茂在昌是否出於宗教上的理由而變成基督教徒卻頗有疑問。他「皈依」的真正原因，可能是因為他意識到當時的西洋天文學，比他所傳授的陰陽道中的「天文」和「曆法」更為先進，因此與基督教的教義產生了共鳴。順帶一提，賀茂在昌曾為了進一步學習西洋天文學而前往豐後，但在天正五年（一五七七）返回京都，並再次進入宮廷服務。

無論如何，出現賀茂在昌這樣改信基督教的陰陽師，確實令人驚訝，但這也可以看作是陰陽道的一種「傳統」，亦即在與其他領域的競爭過程中，吸收對方的長處，並發展成新的「陰陽道」。

就這樣，陰陽師的星辰世界，總是在歷史的變遷中，不斷展現出不同以往的光輝。

《長篠合戰圖屏風》上的陰陽師？

從應仁文明之亂到戰國時代，陰陽師逐漸分散到地方，並在當地定居，轉變為在地從業人士。例如，在戰國武將的合戰中，許多軍師曾是「前陰陽師」。此外，一些混合了山伏與修驗者[7]特徵的「法師陰陽師」也被雇用為軍師。

戰國時代，「武經七書」即《孫子》、《吳子》、《司馬法》、《尉繚子》、《大韜》、《三略》及《李衛公問對》等七種兵法書倍受重視，其中，《六韜》便是一種陰陽寮也會研讀的天文占星術。各地武將都將精通星體運行與曆法的「陰陽師」帶在身邊充當軍師（小和田哲男，一九九八年）。

例如，武田信玄的「獨眼軍師」山本勘助，以及上杉景勝的軍師清源寺是鑑，都是這類陰陽師系的占卜師。平成二十六年（二〇一四）的NHK大河劇主角軍師黑田官兵衛，也曾招募播磨國廣峯社的御師（低階神職）為其部下，而廣峯社是京都祇園社「牛頭天王」信仰的據點，也是「法師陰陽師」活動的場所（田中久夫，一九八四年）。

根據播磨國的傳說與記錄所編纂的《峯相記》中記載，當地曾經出現許多人稱「惡黨」的怪異武士集團（小林一岳，二〇〇九年），可見黑田官兵衛的活動基礎與一般的武士階層大不相同，值得玩味。

在此背景下，織田信長（一五三四～一五八二年）壓制了各地的戰國大名，宣布「天下布武」。儘管耶穌會傳教士認為織田信長是一個「不相信占卜與咒術」的理性主義者，他身邊還是有一個名為「伊東法師」的術士（小和田哲男，一九九八年）。

值得注意的是，天正三年（一五七五），織田信長與德川家康的聯軍在三河國的

7 譯註：「山伏」與「修驗者」都是指在山中徒步、修行的修驗道之行者。

《長篠合戰圖屏風》（局部）。大阪城天守閣藏。

長篠擊敗武田勝賴軍，這場著名的「長篠之戰」成為武田家滅亡的導火線。織田軍以三千挺鐵砲對一萬五千名武田軍造成毀滅性的打擊，一般認為，這場戰役開啟了有別於以往合戰的「近代戰」（不過，近年來許多人重新檢討了這個觀點，例如平山優，二〇一四年）。

《長篠合戰圖屏風》是根據《信長公記》來描繪這場歷史性戰役的屏風畫。畫中描繪了織田信長騎馬進行軍議的場景，可以看到三名異樣男子，身穿背上繡有「六芒星」紋樣的陣羽織。由於他們在織田信長的身邊參與軍議，可以推測他們是軍師，又因為他們的陣羽織背後繡有「六芒星」，可以想見他們是陰陽師那類的人物。那麼，為什麼是六芒星呢？

眾所周知，安倍家以「五芒星」作為家紋，稱之為桔梗紋。因此，身穿「六芒星」的這三個人，可能不是安倍家系的陰陽師。順帶一提，根據後來的傳說，五芒星在咒文上唸做「セーマン」（seman），六芒星則唸作「ドーマン」（doman）。「セーマン」

指的是安倍晴明[8]，而「ドーマン」則代表蘆屋道滿[9]。換句話說，六芒星似乎代表與蘆屋道滿相關的民間陰陽師。如果是這樣，出現在織田信長軍議中的這三名六芒星男子，可能就是民間陰陽師了吧。

據說，京都堀川通的「晴明神社」裡，保存著一口名為「織田信長鉦」的鐘。這口鐘來自明國，是織田信長贈送的禮物。而贈送這件「御祕藏之品」的原因，相傳是因為安倍家宗長土御門泰重的夫人，正是織田信長的「千金」（村山修一，一九八一年）。這則傳說顯示出織田信長與「陰陽師」之間的關聯，頗有意思。

被豐臣秀吉流放的陰陽師

天正十年（一五八二），明智光秀「謀反」，織田信長於本能寺被殺，隨後由豐臣秀吉（一五三七～一五九八年）繼承織田信長的遺志，平定天下。豐臣秀吉在與朝廷協調合作的過程中，一步一步登上了「關白」這一最高職位。

文祿二年（一五九三），豐臣秀吉的側室淀殿（茶茶）生下了拾丸（秀賴）。豐臣

8 譯註：安倍晴明的日文發音為あべのせいめい（abeno seimei）。
9 譯註：蘆屋道滿的日文發音為あしやどうまん（asiya doman）。

秀吉非常寵愛拾丸，但這也引發了一場重大事件。拾丸的出生，威脅到豐臣秀吉繼承人秀次（一五六八～一五九五年，秀吉姊姊的兒子，後來成為秀吉的養子）的地位，秀次因此遭懷疑對拾丸進行了詛咒，最終被迫切腹，他的妻妾和孩子也全部遭到殺害。但近年的研究發現，拾丸其實並非豐臣秀吉的親生子，由於這個「事實」差點就要人盡皆知，因此才殺了秀次以滅口（服部英雄，二〇一二年）。

那麼，實際上究竟是誰執行這個詛咒的呢？被認定為「犯人」的是陰陽師土御門久脩。其實在這段時期，土御門久脩曾因觸怒豐臣秀吉而出逃；於是豐臣秀吉想出一個召集各地陰陽師去開墾荒地的計畫，就這樣，文祿二年（一五九三），土御門久脩與其他眾多陰陽師一同被流放到尾張國（木場明志，一九八五年）。後來，豐臣家於大坂夏之陣中滅亡後，土御門久脩於元和七年（一六二一）重返政界，並受封為從三位。

被迫移居至尾張的陰陽師總數高達一百三十一人，史稱「掃蕩陰陽師」事件。雖然名義上是為了開墾荒地，其實背後可能是需要陰陽師的咒力。換句話說，為了讓開墾後的土地不再受到水患侵害，希望藉陰陽師的咒力來鎮壓地神（三鬼清一郎，一九八七年）。

在此之前，豐臣秀吉就曾以「驅逐唱門師（聲聞師）」的名義驅逐民間系的陰陽師。唱門師是法師陰陽師的別名，意指民間陰陽師。據說豐臣秀吉認為「陰陽師是亡國之物」，極度厭惡他們。

豐臣秀吉對唱門師（聲聞師）的迫害，確實導致一些傳播「晴明傳說」的寺院遭到破壞。例如，過去位於鴨川五條橋（即「松原橋」，目前的「五條大橋」是在桃山時代以後所建）中間一塊大中島上有一間「法城寺」，傳說是安倍晴明為了鎮壓鴨川洪水而蓋的寺院。法城寺在中世時期一直是下級陰陽師的活動中心，但在豐臣秀吉的迫害政策下，寺院遭到破壞，那塊中島也從此消失了（瀨田勝哉，一九九四年）。

此外，靠近五條橋中島、松原橋東端的物吉村，曾經是「痲風病」患者的聚落，這裡也有一座晴明社，流傳著晴明傳說。其中一則傳說是安倍晴明本人罹患痲風病後，搬到五條橋的中島度過餘生。中世時期的痲風病人便將這則傳說當作他們居住在五條橋中島附近的理由（山田邦和，二〇一二年）。

話說回來，為什麼豐臣秀吉如此討厭「陰陽師」呢？從歷史背景來看，他確實想藉此掃蕩當時社會上許多「不從事農耕的人」，也就是不定居於村落社會的遊民（三鬼清一郎，一九八七年）。但這並非唯一的原因。還有一種說法認為，豐臣秀吉對陰陽師的忌避，其實與他自己的出生背景有關。

豐臣秀吉（木下藤吉郎）的出生地在清須城下，那是個繁榮的商業都市，有許多市場，但也有一個「乞丐村」。年幼的豐臣秀吉與父母分離而成了孤兒，當時就住在「乞丐村」，並在那裡學會了「模仿猴戲」。於是後人猜測，豐臣秀吉打壓陰陽師的背後原因，是因為他自己曾經生活在與唱門師和陰陽師一樣遭人鄙視的「下賤」環境中（服部英雄，二〇一二年）。

從中世末期對「唱門師」的排除與打壓，我們可以想像民間社會中的陰陽師形象。而且這些人正是將「晴明傳說」傳播到民間社會的主要推手。

3 神祕之書《簠簋內傳》

誕生於筑波山麓的安倍晴明

矗立於關東平原的筑波山，自《萬葉集》時代起就出現在描寫男女相會的歌垣[10]的歌謠中，此外，《常陸國風土記》中也有相關的傳說。不過，在筑波山麓流傳的傳說不僅如此。據說，在京城相當活躍的安倍晴明，其實是出生於筑波山腳下的一個村莊。故事是這樣的：

奈良時代的元正天皇時期，吉備真備以遣唐使身分前往中國，卻因卓越的學識遭唐人嫉妒及迫害。然而，他得到「赤鬼」安部仲丸（阿倍仲麻呂）的靈魂相助，成功克服了唐人設下的重重考驗。結果，吉備真備得到唐國武帝的認可，獲賜《簠簋》與

《金烏玉兔集》這兩本祕書，平安歸國。

後來，吉備真備晚年時，決定將《簠簋》與《金烏玉兔集》傳給曾在中國幫助過他的安部仲丸的後代，於是開始尋找這些人的下落。據說，他得知在常陸國筑波山腳下的吉生和貓島地區有安部仲丸的後裔，便前往探尋；在那裡，他遇見了一名從天而降、被天雲包覆的奇異少年，這名少年正是安部仲丸的後代。吉備真備將《簠簋》與《金烏玉兔集》傳授給這名少年，這名少年就是後來的安倍晴明。

然而，「活躍於京都的安倍晴明其實是出生於關東的筑波山麓」這一傳說，背後到底有什麼樣的故事？這個傳說的根源究竟是什麼呢？

為了探究安倍晴明關東出生傳說的背景，我曾經參與《週刊神社紀行 別冊：探訪安倍晴明之旅》（週刊神社紀行 別冊 安倍晴明を旅する）的採訪而前往當地（齋藤英喜，二〇〇三年）。回想起當時的實地採訪經歷……

首先是茨城縣明野町的貓島。邊眺望筑波山邊穿過一片廣闊的田園地帶，最終來到一個有著「晴明稻荷」與「晴明井戶」的高松家宅邸。隱藏於樹林中的晴明稻荷祠，以及五芒星形狀的「五角井」（晴明井戶），如果不事先知道，一不小心就會錯過。儘

10 譯註：古代日本的一種社交活動，通常指在特定的場所，如山上或田野，男女聚集在一起，以歌謠的形式互相吟唱與交流。

管如此，被稱為「晴明宅邸遺址」的高松家，仍保留著一塊刻有晴明傳記的木板。

接著，我們越過筑波山，前往另一個晴明出生傳說的地方「吉生」——茨城縣八鄉町的吉生地區。據說「吉生」這個地名與安倍晴明的孫子吉生有關。這裡也有一座「晴明稻荷」祠，祠後還有一口從樹根湧出的水井，稱為「隨心井」。

在我採訪的當時，負責管理這些地方的是本圖家的宗長本圖亨。在本圖先生的帶領下，我們參訪了晴明稻荷與隨心井。

在昏暗的樹林間，有一座已經傾斜的小小祠堂，以及一口從樹根湧出的清水。至今，這些仍是當地居民以及崇敬「安倍晴明」的遠方外地人的信仰之地。「晴明稻荷」祠堂裡，供奉著來自鹿島的「龍鬚」神體。本圖先生回憶說，他還是個孩子時，這個地方非常恐怖，他從不敢靠近。據說，曾經有一個孩子因為惡作劇而雙目失明。的確，小小的祠堂裡供奉著無數的神狐像，似乎承載著許多人的祈念與思念。此外，儘管不確定是何時的產物，晴明稻荷祠堂前的賽錢箱上，刻著被認為是安倍家族家紋的五芒星桔梗紋。

隨後，我們在本圖先生家的庭院裡，採訪了有關晴明稻荷與古老時代這片土地的故事。庭院前偌大的長屋門，據說曾是收容那些行旅中病倒之人的地方。根據傳說，安倍晴明的母親——信太妖狐，曾化作「遊女往來者」來到這片土地，並與當地男子交合，從而生下安倍晴明。本圖家這座曾經收容旅人的大長屋門，此刻正穿越時光，在我們面前喚醒安倍晴明出生的傳說。

話說回來，這個傳說——活躍於京城的安倍晴明其實出生於常陸國筑波山麓的村莊，究竟是何時、由誰、出於何種原因開始流傳的呢？是隨著鎌倉幕府移居關東的安倍家旁系陰陽師？還是四處兜售「鹿島曆」這種民間日曆的商人？又或是以筑波山、加波山為據點的修驗山伏呢？……目前，這些問題仍未有明確的答案。

然而，在筑波山麓村莊中流傳的安倍晴明傳說，其實來自一本書，書名是《簠簋內傳》，或稱《簠簋抄》。

一探安倍晴明傳說的根源

安倍晴明的出生傳說還有後續。

據說，在筑波山麓村莊長大的安倍少年，曾在鹿島明神神社中閉關修行百日。在第九十九日那天發生了一件事，許多小孩正準備殺死一條小蛇，而安倍少年曾立下不見「死相」的誓言，於是買下這條蛇後放生。修行圓滿那天，一名美麗的女子來到少年身邊，稱自己就是那條獲救的小蛇，真正的身分是龍宮的公主，並引導少年進入龍宮。

在龍宮接受各種款待後，少年獲贈一個「四寸石匣」與「烏藥」。回到地面後，少年因塗抹了烏藥，變得能夠理解烏鴉的語言，從而得知天皇久病不癒的原因是因為宮殿柱子的基座中活埋了青蛙與蛇，牠們的怨念熊熊燃燒，折磨著天皇。

後來，少年進京，根據烏鴉的對話取出柱子裡的青蛙與蛇，順利解除了天皇的病因，因此被任命為宮廷的「博士」，又因為當時正值三月清明節（二十四節氣之一）而獲得「清明」這個名字。這名少年正是後來的陰陽師安倍晴明。

隨後的故事發展猶如現代的奇幻小說，充滿波折：安倍晴明與競爭對手蘆屋道滿的占卜對決、因妻子背叛而導致《簠簋》這本祕書落入道滿手中，甚至一度被道滿殺死，後來在伯道上人的法術下復活。這些故事後來又演變為說經、淨瑠璃、歌舞伎、仮名草子，甚至是近代的小說、電影、漫畫等，各式各樣的安倍晴明奇譚繼續開枝散葉。

這些安倍晴明傳說的根源，就是這本名為《簠簋抄》的書。故事中，吉備真備從中國的武帝那裡獲得了《簠簋》與《金烏玉兔集》，並將它們傳給阿倍仲麻呂的後代，也就是安倍晴明。換句話說，這本書不僅出現在故事中，同時也是講述這則故事的來源書籍，這樣的結構相當特別。

探究《簠簋抄》與《簠簋內傳》的起源

《簠簋抄》是《簠簋內傳》（全名為《三國相傳陰陽輨轄簠簋內傳金烏玉兔集》）的注釋書與解說書。一般認為，《簠簋內傳》是「安部博士晴明朝臣」所撰寫的一本曆注書。也就是說，故事中的主角同時也是書的作者。然而，從內容來看，這本書並不像是平安時代的作品，目前的定論是此乃鎌倉時代末期到室町時代前期之間，以安倍晴明的名義編纂的。順帶一提，目前唯一確定是由安倍晴明所撰寫的書籍是《占事略決》（六壬式占卜手冊）。

現存的《簠簋內傳》共有五卷，分別是：

卷一：牛頭天王的由來。天道神、歲德神、八將神、金神等方位的禁忌。
卷二：盤牛王的由來。五行神、十干神、十二支神等曆神的解釋及曆法的吉凶。
卷三：大將軍遊行、土公神變化、三寶吉日、神吉日等雜項禁忌。
卷四：與「造屋」相關的禁忌。
卷五：《文殊曜宿經》。關於宿曜占星術的說明。

書中內容從京都祇園社（即現今的八坂神社）祭神牛頭天王的來歷開始，敘述天地創造之神盤牛王的由來，五行、十干、十二支的緣由，以及曆日的吉凶，顯然是一部陰陽道的曆注書。

由於書的開頭記述了祇園社祭祀的牛頭天王的來歷，有人認為這本書的編者是安倍晴明的後裔，曾擔任祇園社執行職務的晴朝（村山修一，一九八一年），因此推測，是安倍氏的某一支家族編纂這本書。此外，這本書在民間社會廣泛流傳，於是也有人認為祇園社周邊的法師陰陽師參與了編纂，但目前還沒有確定的說法。

值得注意的是，本書第四章也將出現的、江戶時代中期安倍家宗長陰陽頭土御門泰福（一六五五～一七一七年），強烈否認該書與安倍家有任何關聯，他主張《簠簋內傳》是「真言僧」所作的（《秦山集・任癸錄》）。

為什麼土御門家的宗長要特別發表這樣的言論？原因在於這本書以「安倍晴明」之名在社會上廣泛流傳，影響之大令人無法忽視。近世時期，還出現許多對《簠簋內傳》進行簡易解說的書籍，如《簠簋抄》、《簠簋袖裏集 捷徑》、《簠簋冠註大全》、《簠簋諺解大全》等。身為視安倍晴明為祖先的土御門家宗長，土御門泰福自然無法置之不理。

接下來的第四章，將探討江戶時代陰陽師的活動，這裡就把焦點放在探索中世時期陰陽師的真實面貌吧！事實上，從《簠簋內傳》的世界中，可以看到一群有別於朝廷或幕府而活躍於民間社會的陰陽師身影。

結合民間故事與傳說的牛頭天王緣起

《簠簋內傳》的內容與牛頭天王密切相關。那麼，牛頭天王到底是何方神聖呢？首先，就根據祇園社所傳誦的《祇園牛頭天王緣起》（室町時代成立）來介紹牛頭天王的故事。

從前，在一個叫做「豐饒國」的國家，有一位名為「武答天王」的國王。這位國王生下一位皇子，但由於皇子的外貌異常，便取名為「牛頭天王」，後來又一直找不到適合的王后。

有一天，牛頭天王從山鳩的對話中得知，八海龍王之一的娑竭羅龍王的第三個女兒——波梨采女，將成為他的王后。於是，牛頭天王帶著數萬名隨從前往波梨采女所居住的龍宮。

旅途中，天色漸暗，牛頭天王向一位名叫「巨旦將來」的大戶人家請求住宿，但對方稱自己是「貧者」，拒絕了這項請求。另一方面，一位名叫「蘇民將來」的人雖然也是「貧者」，但因心懷「慈悲」而接待了牛頭天王並提供住宿。

牛頭天王到達龍宮後，走進波梨采女的宮殿，與她度過了八年時間，並生下八位皇子。後來，牛頭天王帶著王后與八位皇子返回本國，途中再次來到蘇民將來的家中，與他重逢。另一方面，拒絕提供住宿的巨旦將來一家則遭到牛頭天王的滅族懲罰，然而，由於蘇民將來的女兒嫁入了巨旦家，牛頭天王特別讓她在腰帶上繫上寫有「茅之輪」與「蘇民將來之子孫也」的護身符，指示她這樣做就可以避免災難。最終，僅蘇民將來的女兒一人倖免於難。

這則故事的後面，寫了一段要大家信仰祇園社牛頭天王的文字：

若自六月一日至十五日，每日誦七遍「南無天藥神，南無牛頭天王，厄病消除，災難擁護」，可得息災安穩，壽命長遠。若有不信之輩，天王之罰必降其身，厄病隨至，無可置疑。

此外，故事結尾提到的情節，也成為後來將「茅之輪」及「蘇民將來之子孫也」符咒貼在玄關以消災解厄這種民間習俗的起源。毫無疑問，這也是祇園祭粽子的由來。

這個故事的根源，可以追溯至《備後國風土記》逸文中記載的〈疫隈國社〉緣起故事。這則緣起故事雖沒提到「牛頭天王」這個名字，但有提到一尊會用疫病殺人的神祇，而這位神祇正是古代神話中的素戔嗚尊。因此，祇園社的祭神牛頭天王也被視為是素戔嗚尊的化身。創造出這則神話的人，一般推測是前面提過的室町時代的神道家吉田兼俱（齋藤英喜，二〇一二年b）。

話說回來，當我們讀到牛頭天王的故事，可以很快發現這個故事模式，與民間故事及傳說中的「鄰家老爺爺」十分相似。富裕但貪婪的老爺爺遭受惡報，而貧窮但誠實的老爺爺則得到神佛的獎賞……。由此不難想像，成為祇園社緣起的牛頭天王故事，也廣受普通老百姓的喜愛。透過這樣的故事模式，儘管牛頭天王是一尊可怕的疫神，但只要好好祭拜，祂就會保佑人們免受疫病的侵襲。

牛頭天王與「陰陽道」有何關聯？

《簠簋內傳》卷一中的牛頭天王故事，幾乎與剛剛介紹的《祇園牛頭天王緣起》

中的牛頭天王相似，這也是推測《簠簋內傳》的編撰者可能與祇園社有關的原因。然而，《簠簋內傳》中關於牛頭天王的敘述，還包含了在祇園社中未曾出現的特殊內容。以下是這段內容的白話翻譯：

在北天竺摩訶陀國靈鷲山的東北方，波戸那城的西方，有座吉祥天的發源地王舍城。這座城的國王名為「商貴帝」（有可能是指能驅除疫病的鍾馗）。他曾侍奉帝釋天，居住在善現天，遊戲於三界之中，監督眾星辰。當時他的名字叫「天刑星」。由於他深厚的信仰之志，為了拯救眾生，降臨於娑婆世界，改名為「牛頭天王」。他其實也是「毘盧遮那如來」的化身。

這段敘述文字繞來繞去，有點複雜，但值得注意的是，牛頭天王有許多個名字，他侍奉帝釋天時，名為「天刑星」。

那麼，「天刑星」是什麼呢？「天刑星是在星宿信仰中，根據人類行為的善惡而降下吉凶禍福的神明。」（山下克明、真下美彌子，二〇〇四年）。也有一種說法認為：「天刑星是從歲星（木星）衍生出的七顆星辰之一。」這種解釋出現在陰陽寮天文部門天文生必讀之書、陰陽道占星術的重要典籍《晉書．天文志》中。根據這本書的描述，「天刑」是一顆出現在月亮旁邊的「妖星」。相信身為天文得業生的安倍晴明應該也看過這本書才對。

就這樣，祇園社的祭神牛頭天王與星辰世界產生連結，進入陰陽道的領域。

長刀鉾屋頂天花板上描繪的二十八宿。

順帶一提，作為京都夏日風物詩而聞名的祇園祭，其中的山鉾巡行更是一大看點。走在最前面的是「無須抽籤」的長刀鉾。這座鉾的屋頂至今仍然是「女人禁制」，女性無法爬上去，但如果仔細觀察天花板，會發現上面裝飾著奇特的星辰圖案，這正是陰陽道、宿曜道中基本的「二十八宿」星座標記。為什麼長刀鉾的天花板上會有二十八宿？這或許是如今已經消失的祇園祭與陰陽道之間聯繫的痕跡吧。

作為曆注依據的牛頭天王

經過再次確認，《簠簋內傳》這本書屬於「曆注書」類別。曆注書是一種記載每月吉凶、方位善惡等判斷的書籍。宮廷陰陽師如安倍氏與賀茂氏也曾編纂過這類書籍。其中記載了如下的內容：

> 太白方，《宿曜經》云：太白所在，不可行動，凡有所為，皆當避之，則為吉。
>
> （賀茂家榮撰《陰陽雜書》）
>
> 凡三寶吉日，吉備大臣、婆羅門僧正、春苑玉成各有言說，曆家採用大臣之說……
>
> 《保憲抄》云：避衰日之由，見於川人[11]序中，然祈禱尤宜遵用。
>
> （安倍泰忠書寫《陰陽略書》）

從這些記述可以看出，在貴族社會中，舉凡日常生活的日期選擇、方位選擇等，都有根據可查，而記錄這些根據的書，便是所謂的曆注書。在安倍氏與賀茂氏所撰寫的曆注書中，經常引用《陰陽雜書》、《宿曜經》、《保憲抄》等傳統陰陽道的經典文本，以及波羅門僧正、吉備大臣（吉備真備）等人的說法作為曆注的依據。根據這些權威書籍及言論，安倍氏與賀茂氏的陰陽師為貴族提供日期和方位的選擇指引。

而《簠簋內傳》也是曆注書，也有類似的功能，但它的曆注依據記載如下：

天道神之方

正月南行，二月西南行，三月北行，四月西行，五月西北行，六月東行，七月北行，八月東北行，九月南行，十月東行，霜月東南行，雪月西行。

右天道神者，牛頭天王也。萬事大吉。向此方而藏袍衣，始置鞍具，凡所求者，皆於此成就。

金神七殺之方

甲己歲午未申酉方　乙庚歲辰巳戌亥方

戊癸歲子丑申酉方

11　譯註：滋岳川人，平安時代前期的貴族、陰陽師，有多部著作，但今日皆已失傳。

丙辛歲子丑寅卯方　丁壬歲寅卯戌亥方

右金神者，巨旦大王之精魂也，七魄遊行，殺戮南閻浮提之眾生。若人行向此方，則家中七人死。若家中人數不足，則波及鄰家，名曰「風災」。金主肺，具七魂。斷破萬物，故當尤厭之。

（《簠簋內傳》卷一）

「天道神之方」是最吉祥的方位，無論任何時刻，所求皆能成就。而這個方位在每個月都會有所不同。值得注意的是，這個大吉的「天道神」其實就是指牛頭天王。也就是說，曆注根據的是牛頭天王的故事。

另一方面，「金神七殺之方」是平安時代貴族極為恐懼的凶惡方位。曆注會指出在哪一年金神會隱藏在哪個方位。而這個需要避免冒犯的「金神」，被解釋為因為沒有借宿給牛頭天王而全家遭殲滅的「巨旦大王」。由此可見，金神禁忌的根據，也來自於牛頭天王的故事。

總而言之，安倍氏與賀茂氏等宮廷陰陽師所編撰的曆注書，是以傳統陰陽書及賀茂家的祖先言論為依據；而《簠簋內傳》所示的曆注依據，則是書中記載的牛頭天王的故事。這種根據民間流傳的牛頭天王故事來解釋方位和日期吉凶的方式，顯示出這部書的作者與讀者，是與安倍氏、賀茂氏等宮廷陰陽師不同世界的人。《簠簋內傳》的作者是活躍於民間社會的陰陽師，而其讀者也多為民間百姓。

由此推測，《簠簋內傳》編撰人所繼承的陰陽道系譜，應與身為宮廷陰陽師的安倍氏或賀茂氏不同，例如他們很可能就是在祇園社附近活動的唱門師或法師陰陽師。

再說，賀茂家庶流的陰陽師也有許多人遷移至奈良地區，之後在民間扎根，形成所謂的「南都陰陽師」派別。或許在這之中，有人與牛頭天王的信仰有關，甚至可能參與了《簠簋內傳》的編撰工作（齋藤英喜．二〇一二年b）。

儘管目前無法確定《簠簋內傳》的編撰人是誰，但可以肯定的是，在其背後，存在著一個不同於宮廷或幕府所屬的民間系統陰陽師群體。這些人從未出現在歷史舞台上，或許可以說是歷史幕後世界的居民。

如此一來，活躍於中世的陰陽師，在面對幕藩體制這個「統一」的近世時代時，又將經歷怎樣的變遷呢？

〔補注〕關於《簠簋內傳》的編撰者，折口信夫推測與「佛教陰陽道的一支」有關（〈民間信仰與神社〉〈全集二十〉）。詳細內容請參考本書第五章。

斷章　伊邪那岐流是「陰陽師」嗎？

將陰陽師傳承至今的「伊邪那岐流」？

繼承陰陽師傳統的「伊邪那岐流」。這句宣傳標語最近在社會上廣為流傳，幾乎沒有人對它產生懷疑。自明治新政府推行宗教控制政策以來，陰陽道在明治三年（一八七〇）遭到正式禁止，「陰陽師」自此消失於歷史中。然而，在高知縣深山中的香美郡物部村（現今的香美市物部町），悄悄流傳著一種民間信仰「伊邪那岐流」，且被視為是唯一延續陰陽師系譜的奇蹟，受到熱切的關注。

伊邪那岐流的祭祀、儀式、咒術裡，確實可以看到陰陽道的傳統。例如，其中的「分離」與「式王子」等咒術，顯示出伊邪那岐流與平安時代陰陽師活動之間的關聯，這種觀點極具吸引力，令人難以忽視。裁剪大量的御幣[1]，朗誦「咒詛返還」祭文，

1　譯註：日本神道教在祭典中用於供奉神靈的紙條或布條。

驅除附著於病患身上的邪魔，甚至受託偷偷對人下詛咒等……這樣的「伊邪那岐流」似乎與平安時代安倍晴明及其周遭陰陽師的活動完全吻合。

但另一方面，也確實可以發現伊邪那岐流與陰陽道之間的諸多不同之處。最重要的是，伊邪那岐流並非只由陰陽道構成，其中可以看到來自熊野、天台系修驗道、中世創立的三輪流神道或御流神道等神道學說，以及近世的吉田神道、巫女信仰、鍛冶或狩獵民信仰等極為複雜的信仰與儀式元素。

伊邪那岐流的祭祀與咒術雖然與陰陽道有相似之處，但同時也存在許多差異。這個事實引發一個有趣的問題，即在漫長的歷史中，自平安時代中期形成的「陰陽道」（陰陽師），究竟經歷了什麼樣的變化？這時候，我們的焦點不再集中於安倍晴明等宮廷陰陽師的系譜，而是關注那些以民間社會為據點活動的「另一類陰陽師」。

這類陰陽師的名稱很多，例如法師陰陽師、陰陽法師、唱門師（聲聞師）、博士、萬歲、院內、算置、曆師、太夫、法者、算所等，他們的真實面貌究竟為何？他們與宮廷陰陽師的土御門家（安倍家）有何關聯？要探討伊邪那岐流與「陰陽師」的關係，就要將焦點放在探索這些「在野陰陽師」的歷史系譜上。

伊邪那岐流是「陰陽師」嗎……？在介紹伊邪那岐流的同時，就來追溯陰陽師在歷史中的樣貌吧！

「咒詛返還」儀式與伊邪那岐流

讓外界知道在高知縣深山小村落中祕傳著「伊邪那岐流」的是小松和彥老師。當時，最讓世間震驚的，無疑是小松老師在其著作《附靈信仰論》（憑霊信仰論）等書中介紹的伊邪那岐流的「咒詛祭文」（小松和彥，一九八二年）。

這篇祭文講述了一個驚悚的故事。故事圍繞著釋尊與提婆王（提婆達多）之間，因財產繼承問題而展開爭鬥，提婆王的妻子委託一個名叫唐土淨文的人對釋尊施以詛咒，但唐土淨文應釋尊的請求而反施詛咒，極具戲劇性。祭文中的「唐土淨文」被認為是伊邪那岐流太夫的祖先，因此傳說太夫也會施咒之術。

然而，正如小松老師提出的具體說明，世人對此儀式有許多的誤解。

首先，伊邪那岐流的「咒詛祭文」並不是用來施加詛咒，也不是用來將該詛咒反擊回去。這是在一種名為「咒詛分離」的儀式中所使用的祭文。

「咒詛分離」是一種淨化儀式，除了消除過去被施加的「咒詛」外，還會消除廣義上的不淨與污穢，讓祭典空間變得純淨。因此，在伊邪那岐流太夫執行家神祭（宅神祭）、氏神祭祀、山川鎮祭等儀式之前，都必須進行這種「分離」儀式。

伊邪那岐流的宅神祭。

此外，祭文故事中的「唐土淨文」雖然是受託施加詛咒的人，但到最後，他以自己的法力將那些散布於世界各地的詛咒轉化為受人祭拜的「咒詛神」。咒詛神被唐土淨文鎮封在他所設立的「咒詛名所」，地點位於日本、唐土、天竺的交界處。因此，唐土淨文既是施行詛咒的人，也是管理與統御這些力量的人。

現在的伊邪那岐流太夫也認為是「唐土淨文」這位「法者」開啟了詛咒調伏之術，而之所以能夠收拾這個局面，也是源於他的技術。因此，他們將「唐土淨文」奉為自家儀式執行的祖先與守護靈來祭拜。從這裡可以看出這些法者的獨特思想，它們與當代的倫理觀及價值觀不同，而是源自一個以「術」與「技」為核心的世界。

「咒詛祭文」與咒詛分離儀式

接下來我們要關注的是，伊邪那岐流太夫所傳承的、種類繁多的「咒詛祭文」。

伊邪那岐流的「咒詛祭文」並非只有一種，而是有很多前所未見且分得非常細的文本。

◇「咒詛祭文、釋尊流」

描述始於釋尊與提婆王爭鬥的詛咒起源及平息之道，屬於最根本的祭文。

◇「提婆流」

描述提婆王成為折磨百姓的惡靈，而為了鎮壓祂所使用的祈禱文。

◇「女流」

被女性怨恨或詛咒時所使用的祭文。

◇「月讀、日讀」

描述幾月幾日被下詛咒，以及因應之道。

◇「西山的月讀、日讀」

描述如何對付「西山」獵師的詛咒。

◇「佛法的月讀、日讀」

描述如何對付利用卒塔婆或墳墓等而施加的詛咒。

◇「七夕的月讀、日讀」

描述如何對付「七夕法」這種咒術。

「法枕」與「御手座」兩座祭壇。左右為「御手座」，中間為「法枕」。

「分離」儀式。

如上所見，伊邪那岐流的最大特徵，就是傳承各式各樣的「咒詛祭文」。正如小松和彥老師指出的，太夫傳承了種類繁多的咒術，因此也開發出應付這些詛咒的技術（小松和彥，一九九四年）。對伊邪那岐流太夫而言，詛咒技術最為重要。他們創造出許多「咒詛祭文」，以便無論對手施展什麼樣的技倆或咒術，都能萬無一失地化解。

直到今天，太夫在執行祭儀及祈禱時，仍會使用這些「咒詛祭文」。前面提過的「咒詛分離」儀式，主要就是誦讀這些「咒詛祭文」。

接下來，將簡單說明「分離」的步驟。

分離儀式要準備「法枕」與「御手座」兩座祭壇，並在上面豎起山神幣、水神幣、四足幣、天下正幣，以及咒詛幣等御幣。此外，在御手座的中央還要豎起象徵提婆王的「提婆人形幣」。太夫會在這些神幣前誦讀多篇祭文，將「咒詛」等各種穢氣與不潔之物召喚出來，使之附著於御幣上。

首先，太夫誦讀「山神祭文」、「水神祭文」、「地神祭文」、「荒神祭文」等神靈的祭文，向這些作祟的神靈請求原諒。接著，若這些神靈的眷屬（八面王、川御先、山御先、山中的四足生物、犬神、猿神、蛇神等棲息於山川中的妖怪與異形都被視為神靈的眷屬）曾對人類造成禍害，太夫會請求它們脫離附身於人類的狀態，返回各自的本源神靈，並予以鎮定。太夫會請它們：「山的歸於山，川的歸於川。」

最後，因人類的怨恨與嫉妒所產生的「咒詛」，會依照「咒詛祭文」的描述而送至「咒詛名所」，並予以封印。由於詛咒的源頭來自人類的怨恨與嫉妒，若將詛咒直接還給對方，會變成報復性的反擊行為。為此，詛咒會被奉為「咒詛神」而封印在特定的地方。這就是「伊邪那岐流」的「咒詛返還」。

在實際的儀式中，太夫會將聚集了詛咒的御幣及御手座以繩子綁緊，防止詛咒脫逃，並施加「劍印」、「婆羅門印」、「網代印」、「金輪印」、「岩印」等各種具有咒力的障壁。然後，他們會在村落邊緣或村界處找個地方設為「咒詛林」，挖好一個洞，將綁緊的御幣和御手座埋進洞裡，這個動作意味著將詛咒封印在祭文中提到的「咒詛名所」中。

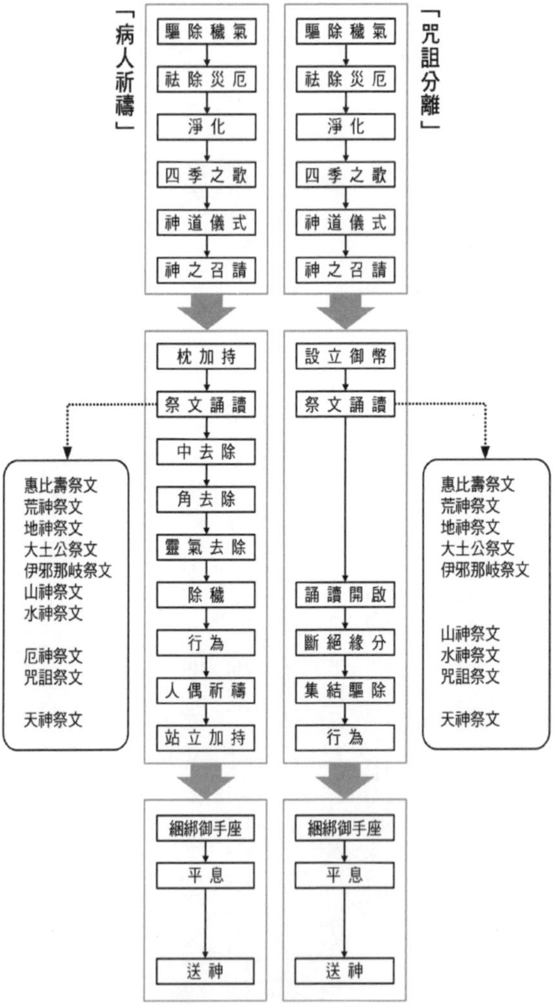

「咒詛分離」儀式與「病人祈禱」儀式的對比（高知縣立歷史民俗資料館《伊邪那岐流之宇宙》）。

此外，將詛咒（綁緊的御手座）埋進「咒詛林」後，上面會壓一塊大石頭，然後在左右兩邊各豎起一根御幣。左邊的御幣稱為「咒詛幣」，象徵施咒者及管理者「唐土淨文」負責監視，不讓詛咒跑出來。

右邊的御幣稱為「高田王子幣」，象徵封印詛咒的岩石，但其實它正是伊邪那岐流咒術中最深奧的祕法「式王子」之一。在儀式現場，太夫會祕誦名為「高田之行為」的法文，召喚天上名為「高田王子」的「式王子」，讓祂負責守護封印住的詛咒。

「式王子」祕法

這種「式王子」咒術是伊邪那岐流中最深奧的祕儀，長久以來一直籠罩在謎團之中，然而，高木啟夫老師於一九九六年出版《伊邪那岐流御祈禱之研究》（いざなぎ流御祈禱の研究）一書，根據書中詳細的研究，終於揭開一部分面紗（高木啟夫，一九九六年）。此外，我本人自昭和六十二年（一九八七）開始在物部地區進行田野調查，然後將部分調查結果整理成《伊邪那岐流　祭文與儀禮》（いざなぎ流　祭文と儀礼）一書，揭露了太夫如何操作式王子的實際狀況。接下來，我將根據這些研究成果，簡單介紹一下「式王子」。

首先，「式王子」是一個總稱，一如前面提到的「高田王子」，它有許多不同的種類，例如：

◇大五王子、五人五郎王子

用於病患被多種靈體糾纏時。

◇用友姬之行為

用於將自己不好的星運轉移到其他星運時。

◇火焰王子、鬼塚鬼神王子、愛宕王子

用於燒毀惡靈時。

◇五體王子

為病人祈禱時的基本應用法。

◇大鷹王子、小鷹王子

作為「式王子」的手下。

◇蛇腹王子、蛇食王子

把惡魔的靈魂當作蛇餌並吃掉它們。

太夫會在為病人祈禱等重要儀式中使用這些「王子」。當病人被邪靈附身，太夫會根據病魔的種類，選擇適合的「式王子」來驅逐這些靈體。換句話說，「式王子」是這些使役靈的總稱。

此外，太夫還擁有一種咒術，能將平時作為祭祀對象的神靈，如山神、荒神、水神、天神、御崎神等，轉變為「式王子」的一種來加以驅使。「伊邪那岐流」裡，祭祀神靈所使用的文章稱為「祭文」，而發動或驅使式王子的咒術則稱為「法文」，兩者之間有著嚴格的區分。以下是一些「法文」的分類：

◇山神系　山神除邪式、山神清淨式

◇荒神系　荒神斬穢式、荒神界限法、大荒神除邪式

◇水神系　蛇式法、水式法、引式

◇天神系　天神吹亂裏式、天神血花散式、天神裏式上天川、天神九代行法裏式、天神間子打法、天神金剛式

◇御崎神系　御崎式

這些咒術的用途基本上是為病人祈禱，例如被山神懲罰而生病的話，就用「山神清淨式」，不過，仔細閱讀這些內容，會發現其實還有不同目的的法文。以下介紹一

段「天神系」的法文。

七天神者，頃刻之間，降臨施法（中略）。授巫御弟子刃劍，以剖黑肝，裂五臟，使血如花綻，瀰漫四溢，盡行消滅，無留痕跡。即滅其形，斬而除之。

（「天神吹亂裏式」，中尾計佐清太夫所藏《敷大子行書物》）

伊邪那岐流所稱的「天神」，並非指菅原道真這類御靈信仰的天神，而是鍛冶師的始祖神。這一點在《天神祭文》（中尾計佐清太夫所藏《御神祭文集書物》）中有所載。鍛冶舖在自家祭拜天神時，就會誦讀《天神祭文》。而當他們想要使役這位鍛冶神的力量，則會誦讀法文。特別是上面所引的「天神吹亂裏式」，一如「裏」字所示，內容提到了使用天神鍛造出的「刃劍」來「即滅」對方，亦即咒殺對方。這顯然是一種降伏仇敵的咒術。

然而，我們不能因此便將伊邪那岐流太夫視為邪術師，事情沒有這麼單純。即使從我們的角度看，這些法文似乎包含了詛咒仇敵的語句，但太夫在祈禱現場會靈活取捨運用，使之成為驅逐那些頑強附著於病人身上的惡魔等的武器。此外，病因錯綜複雜時，太夫會選出幾則法文，善加利用合適的語句。

從我們的角度看，「式王子」似乎是用來「詛咒降伏」的行凶之物，但對太夫來說，其中蘊含著「神靈」最神聖且最深奧的力量。而如何巧妙運用這些力量，正是太夫這種咒術師的本領所在了。

伊邪那岐流背後隱藏的系譜

伊邪那岐流的「式王子」相當於陰陽師的使役神「式神」，這點早已提過。太夫的用語中也經常出現陰陽師式的表達，如「打式」、「式法」等。我自己在調查伊邪那岐流的過程中，也多次聽到太夫說「打式」這個詞。例如，某位太夫提到，他回家後把西裝掛起來，隔天居然發現西裝上面有刀子劃過的痕跡；他跟自己的師父說起這件事，師父淡淡地表示，可能是被天神之法「打式」了；師父還警告弟子，伊邪那岐流具有如此可怕的力量，必須小心謹慎。

伊邪那岐流的式王子咒術，顯然與陰陽師的系譜有關，不過，他們不稱「式神」，而刻意稱為「式王子」，這表明其中融合了陰陽道以外的元素，例如可能受到熊野修驗道的「王子信仰」所影響。事實上，熊野修驗道也有與伊邪那岐流相似的「五體王子」。此外，伊邪那岐流的「神樂」[2]中，也經常出現源自熊野本宮、熊野新宮的「清淨之湯」一詞。就歷史面來看，中世時期傳承伊邪那岐流的地區，就在熊野的莊園，這表明伊邪那岐流的其中一個分支，確實來自於「熊野」。

不論是「咒詛祭文」或「式王子」咒術，都充分顯示出伊邪那岐流的特徵，而我們可以從中看出他們與安倍晴明等陰陽師的關聯，這點無可否認。不過，伊邪那岐流的咒術不只與狹義上的「陰陽道」有關，還融合了熊野信仰、熊野修驗道等元素，顯見在它的背後，隱藏著中世以來傳遍日本列島、種類繁多的信仰及儀式等系譜。

而且這個觀點，同樣可以套用在最能彰顯出伊邪那岐流與「陰陽道」關聯的「咒詛祭文」上。「咒詛祭文」的確是由陰陽師流傳下來的，就這層意義而言，伊邪那岐流無疑是繼承了陰陽師的傳統。

然而，在中世後期到近世期間，「禰宜」這類地方民間宗教者也都會使用「咒詛祭文」，進行「咒詛返還」儀式，因此絕非「陰陽師」的專利，應該將它放在多元在野宗教的咒詛返還儀式這個大範圍裡來看待（齋藤英喜，二〇一〇年）。

接下來，讓我們將目光轉向民間「陰陽師」的動向吧！

民間「陰陽師」的動向

與安倍晴明等宮廷陰陽師不同的另一個群體，即在野的「陰陽師」，他們與安倍晴明活躍的時代幾乎重疊。歷史記錄中，他們稱為「陰陽法師」（《日本紀略》、《政事要略》等），既是僧侶也是陰陽師。記錄顯示，他們當中的許多人參與了「厭式」、「厭法」、「厭符」等與詛咒有關的活動。

最近，繁田信一老師特別注意到《政事要略》中的一則記載：寬弘六年（一〇〇九），一起涉及藤原道長、一條天皇的中宮彰子，以及第二皇子敦成親王的詛咒事件中，出現了圓能、妙延、源念等陰陽法師，還有一名叫做「道滿」的法師。這麼看來，後人傳為安倍晴明勁敵的蘆屋道滿似乎確有其人了（詳見第二章的「施展詛咒的陰陽師」）。

參與各種詛咒事件的「陰陽法師」大多居住在京都周邊，但據說有一名叫做知德的法師陰陽師就住在播磨國（《今昔物語集》），可見京都以外的地方也有許多的在野陰陽師。此外，在京都周邊，例如奈良的興福寺等寺院裡，也有一些與「陰陽法師」相關的宗教人士，民俗學者柳田國男稱之為「唱門師」。

2 譯註：一種以歌舞酬神的神道教儀式。

在近世社會，「唱門師」的活動大多是占卜、祈禱，向家家戶戶分發曆書，並在正月時參與「萬歲」等傳統藝能表演活動，但無論是都市人或鄉下人，通常都瞧不起他們，視他們為婚姻習俗的大忌。換言之，唱門師是一群「受到岐視的賤民」。這個群體的源流可以追溯至中世時期，當時他們在有權有勢的大寺院裡從事掃除等雜務；正因為工作內容與污穢、不潔有關，使得他們遭到社會的歧視。

奈良與唱門師的關係尤為密切。屬於奈良興福寺的門跡寺院[3]並於室町時代擴大勢力的大乘院，當時就組織了大批的唱門師（《大乘院寺社雜事記》）。有趣的是，另一條宮廷陰陽師的系譜——賀茂家的系統，與興福寺及大乘院也有關聯。

那麼，在這些宮廷外「陰陽師」出現的時代，即中世後期至近世，與之相對的正統宮廷陰陽師安倍家，即土御門家，他們的狀況又是如何呢？關於近世土御門家的動向，可以透過木場明志老師的先進研究而了解到下面這些事（木場明志，一九九二）。

進入江戶時代後，土御門家計劃將活躍於地方的各種「陰陽師」系宗教人士納入自己的控制之下。換句話說，土御門家建立了一種體制，讓那些自稱「陰陽師」而在各地方提供占卜、曆書、祓禊、祈禱、雜藝等「生意」活動的人，可以向土御門家申請作為其「門人」的「許可證」，代價是必須繳交上納金（詳見第四章）。這一制度透過天和三年（一六八三）由靈元天皇頒布的「諸國陰陽師之支配」綸旨（即聖旨）、德川綱吉將軍追認該綸旨的朱印狀，最後在寬政三年（一七九一）頒布的「公告」中完成。直到明治三年（一八七〇）明治政府撤銷這個制度之前，各地方的「陰陽師」系宗教人士都確實被納入土御門家的支配之下。

伊邪那岐流是「陰陽師」嗎？

近世在土佐活動的伊邪那岐流太夫的祖先，是否也受到了土御門家的支配呢？這一點正是驗證伊邪那岐流是否為「陰陽師」的關鍵所在。

那麼，現今的伊邪那岐流太夫會自稱「陰陽師」嗎？根據十多年來的調查，我從未聽過任何太夫直接說出「陰陽師」這個詞。可以說，他們並不認為自己是「陰陽師」。

那麼，他們如何稱呼自己呢？他們自稱「太夫」，有時也會自稱「巫博士」或「博士」，這就是他們的自我稱謂。

「博士」一詞，自然會讓人聯想到陰陽寮中的高級官員，如「陰陽博士」、「天文博士」或「曆博士」。但事實上，中世的御伽草子[4]與緣起類的文獻中，經常出現以「博

3 譯註：由皇族或貴族出身者擔任住持的寺院。
4 譯註：指故事書。

士」稱呼民間占術師的用法。「博士」一詞似乎是活動於民間社會中的陰陽師系宗教人士的另一種稱謂。

那麼，土御門家是否也將這些「博士」納入他們的支配下呢？

近世初期，當土御門家將各地陰陽師納入支配之下，就制定了一些規定來規範他們作為「陰陽師」的活動內容，例如，禁止他們以「陰陽師」身分從事敲擊弓箭誦讀祭文、召喚亡靈，以及為病人祈禱等，這些被認定是梓神子[5]或唱門師做的事，與「陰陽師」有所區別。

然而，被土御門家禁止的「敲弓祈禱」、「亡靈祭祀」與「病人祈禱」，似乎正是伊邪那岐流太夫祖先最擅長的工作。只要他們持續進行這些活動，理所當然地就無法成為土御門家所認定的「陰陽師」。事實上，他們的祖先並非土御門家支配下的「陰陽師」，而是隸屬於土佐藩內一個由永野吉太夫和蘆田主馬太夫擔任「博士頭」所組織起來的「博士」集團。這些博士會進行土御門家所禁止的「梓神子」、「米占」等活動，專門負責召喚亡靈及驅逐附身的靈體等宗教儀式。由此推測，伊邪那岐流的太夫並不是土御門家認證的「陰陽師」。

然而近年來，伊邪那岐流研究權威小松和彥老師已對這個通論提出顛覆性的見解（小松和彥，二〇一一年）。根據小松老師的調查，他已經從繼承伊邪那岐流太夫的世家中，發現一些由土御門家頒發的「陰陽師」證書，上面的年號分別是文政四年（一八二一）或文化十年（一八一三）。從近世陰陽師組織化的歷史來看，這一發現，證明自寬政三年（一七九一）頒布加入陰陽師組織的全國公告以來，土御門家的勢力已經擴及土佐藩的「槇山」（物部村的舊名）地區了。

此外，小松老師還揭露了一個事實，這些人祖父輩之前的祖先，儘管已被認定為土御門家的「陰陽師」，但仍然從事「神主」的工作，甚至有買賣「博士」職位的情況。

從上述的新事實來看，在近世後期有沒有土御門家所頒發的「陰陽師」證書，不過是個形式上的問題；真正的問題在於他們傳承並實踐了什麼樣的祈禱法、咒術與祭祀法。換句話說，具有由幕藩權力所認定的神主、博士、陰陽師等身分是一回事，真正重要的是以該地區傳承的「信仰知識」來從事活動，這樣的宗教人士才是「伊邪那岐流太夫的祖先」（小松和彥，二〇一一年）。

伊邪那岐流太夫創造了祓除詛咒的技巧，編織了許多「式王子」咒術，他們確實是「術法專家」。站在這樣的角度，我們才能跨越幽深的歷史長河，與活在「術法」世界中的先達——陰陽師安倍晴明——相會。

5 譯註：神道教中的一種靈媒或巫女，通常負責與神靈溝通。

第四章　江戶時代的陰陽師

平成二十四年（二〇一二）上映的電影《天地明察》（導演：瀧田洋二郎，原著：冲方丁）是一部以江戶時代的天文學者澀川春海（安井算哲）為主角的時代劇，別具一格的題材意外吸引大批觀眾。電影裡還描繪了年輕澀川春海身邊的幾位歷史人物，他們在一般的時代劇中鮮少出現，如壯年的德川光圀、會津藩主保科正之、和算學者關孝和、天文地理學者建部傳內，以及垂加神道的創立者山崎闇齋（劇中山崎闇齋陣亡的情節純屬虛構）；但最值得注意的是，與澀川春海一起推進改曆工作的土御門泰福也登場了。

土御門泰福……雖然在歷史舞台上並不活躍，但他正是繼承安倍晴明嫡系並在江戶時代推動「陰陽道」革新的人物。在過去的解讀中，澀川春海常被描述為採納西洋天文學，創造新曆法的革新者，而土御門泰福則被視為依賴朝廷權威、守舊的「陰陽道」代表。然而，根據近期的研究，兩人並非處於對立關係。

值得注意的是，在近世社會中，陰陽道是如何發展成一門新的思想與學問的呢？其實，這時候的陰陽道並非與西洋天文學完全無關。

另一方面，在近世社會中，依然存在著以各種不同形式進行活動的民間陰陽師。他們繼承了中世法師陰陽師與唱門師的系譜，並與中央的土御門家建立了全新的關係。而促成這種新關係的人，正是土御門泰福。

乃至土御門泰福之後的時代，西方知識與學問已逐漸滲透到整個社會中，陰陽道在與西洋天文學對立並競爭的同時，最終仍不得不加以吸收，融入自己的體系。面對這種新的時代，「陰陽道」究竟是如何延續生命的呢？事實上我們也發現，像是知名國學家本居宣長及其弟子平田篤胤等人物，與「天文學」及「陰陽道」並非毫無關聯，這是一個鮮為人知的事實。

江戶時代，陰陽師究竟是如何生活的？又如何創造出因應新時代的「陰陽道」呢？從這裡，我們似乎可以看到一個未曾見過的「江戶時代」新風貌。這一章，就來探索江戶時代的陰陽師吧！

首先，我們從訪問江戶時代初期，一群陰陽師居住的某個城鎮開始。

1 江戶時代前期——陰陽道的轉變

從奈良陰陽町開始

從近鐵奈良車站，穿過向南延伸、熱鬧的拱廊商店街後，會到達一個與周圍華麗景象有些不同的角落。斜緩的坡道上，老宅圍牆掛著一塊「此處為陰陽町」的門牌。再往前走，就是祭祀陰陽道諸神的「鎮宅靈符神社」。

「陰陽町」……顧名思義，這裡曾是生活於民間社會的陰陽師所居住的地區。

攝於奈良陰陽町的御靈神社。

根據木場明志老師對此地留傳下來的古文書所進行的研究，貞享四年（一六八七）左右，共有十七名陰陽師群居在陰陽町。他們從事陰陽道的祭祀與祈禱，如天曹地府祭、泰山府君祭、地鎮安宅祭、荒神祭、鎮宅靈符祭，或是大清祓、六根清淨祓、身滌祓等，同時也以「曆師」身分向當地人兜售曆書，或是將曆書當成祓禊與祈禱的伴手禮而分送出去。於是，將地區民間社會當成「檀那場」而從事活動的民間系陰陽師身影，就這麼逐漸勾勒出來了（木場明志，一九八二年）。

　　這些扎根於民間社會的陰陽師，其淵源可追溯至中世時期，無疑就是民俗學者柳田國男也十分關注的「唱門師」（柳田國男，一九六九年）。這些人從事占卜與祈禱等活動，並向各家各戶分送曆書，在新年時還進行萬歲等雜技表演。然而，進入近世後，正如第三章所述，這些唱門師逐漸遭到一般村民的鄙視，更被當成是婚姻上的禁忌。

鎮宅靈符神社。

　　唱門師的源頭，似乎可以追溯到在寺院中從事雜務的人，例如，奈良興福寺的門跡寺院、在室町時代擴大勢力的大乘院，當時就有很多唱門師隸屬於此（《大乘院寺社雜事記》）。奈良的唱門師似乎大多隸屬宮廷陰陽師賀茂氏支派——幸德井家的支配。

　　根據柳田國男的說法，唱門師居住的地方，周邊都有祭祀「清明」的神社（《周遊奇談》等）。安倍晴明的出生傳說「葛葉傳說」除了記載於《簠簋抄》（參見第三章）

外，後來還改編成說經與古淨瑠璃的《信田妻》、歌舞伎的《蘆屋道滿大內鑑》等藝能作品，不難想像，整天與受人鄙視的雜技藝人混在一起的唱門師，很可能正是這則傳說的傳播者（武田比呂男，二〇〇二年）。他們所崇拜的「清明」，其實是與宮廷陰陽師安倍晴明不同的「另一個晴明」。

現在回到陰陽町……當地陰陽師所傳承的文書中有一份「陰陽道掟」[1]，發行來源為京都的「土御門家」。毫無疑問，這正是傳承自安倍晴明的陰陽道宗家。陰陽町的陰陽師似乎是土御門家的門人，證據是土御門家所頒發的「入門許狀」被保留了下來。

住在陰陽町的陰陽師擁有進入土御門家的證書……這件事情背後，隱藏著鮮為人知的、江戶時代前期土御門家如何「支配」全國民間陰陽師的歷史劇。

天和三年，土御門家陰陽師的支配權確立

天和三年（一六八三）五月，靈元天皇下令將「諸國陰陽師之支配」全權交由土御門家處理。同年九月，將軍德川綱吉也頒布了「朱印狀」（帶有朱紅印章的幕府認

1 譯註：「掟」為規矩、法律、規定之意。

定文書）。如此一來，土御門家對「諸國陰陽師之支配」得到了朝廷與幕府的雙重認可。而致力於達成此目標的正是土御門家的年輕宗主——土御門泰福。

自此之後，在地方以「陰陽師」身分活動的民間宗教人士，都變成是繼承安倍晴明正統的土御門家門人。想以「陰陽師」名義進行祈禱、占卜以及曆書發送等工作的話，必須取得土御門家的「許狀」，遵守土御門家制定的「掟」，譬如「不得修習陰陽家活動以外的異法」。

為什麼地方陰陽師要紛紛加入土御門家的門下呢？這是因為對於經常遭受社會鄙視的他們而言，成為土御門家的門人意味著可以抵抗社會的歧視；此外，擁有「土御門」這塊招牌，能直接提高祈禱與祓禊的「營業收入」。對於土御門家來說，隨著宮廷社會的衰退，他們在經濟上益發困難，因此，來自地方陰陽師所上繳的「營業收入」變成了不可或缺的收入來源。簡單說，土御門家與地方陰陽師之間已經建立出一種互補關係。

不過，土御門家獲得陰陽師支配權的過程，並非一朝一夕。早在寬文七年（一六六七），源自室町時代「散所聲聞師」（隸屬於特定貴族或寺社的聲聞師）系譜的禁裏陰陽師（宮中的下級陰陽師）「大黑松太夫」，便自行向關東的陰陽師頒發許狀，使得土御門家提起了訴訟。此外，自戰國時代以來，奈良的唱門師（聲聞師）受到賀茂氏支派幸德井家的影響，於寬文十年（一六七〇）與土御門家爆發爭執（梅田千尋，二〇〇九年）。

在這樣的競爭中，土御門家能夠勝出，成為支配諸國陰陽師的「本所」，主要歸功於他們繼承了安倍晴明的系譜，成為「陰陽道宗家」。

此外，他們還得力於過往的成績。例如，在元和年間（一六一五～一六二四年）左右，土御門家曾為京都近郊從事「舞舞」這類表演的藝人提供身分保障。可以肯定的是，當時以畿內為中心，存在一些與土御門家有著一定從屬關係的陰陽師宗教人士。其中，北河內、北攝、山城的陰陽師後來成為土御門家支配體系中的中樞，稱為「歷代組」（木場明志，一九八二年）。說不定其中還包括了戰國時代分散到地方去的安倍氏、賀茂氏支派的陰陽師。

然而，土御門家面臨的競爭對手，並非只有「陰陽道」同行而已。

相互競爭的宗教人士

事實上，以「本所」為中心，對分散各地方的宗教人士進行支配與管理，並要他們上繳「營業收入」，這樣的體制並不只在土御門家實施而已。例如，寬文五年（一六六五），幕府頒訂「諸社禰宜神主法度」這道法令，讓吉田家得以支配並管理全國各神社的神職人員。吉田家，不必多說，正是前章提到的吉田兼俱一族。

另外，關於修驗道的山伏集團，在德川二代將軍秀忠的時代，慶長十八年（一六一三），幕府制定了「修驗道法度」，規定他們分屬天台系的本山派或真言系的當山派。這些都是幕府透過「本所」來間接支配各種民間宗教人士的巧妙手段（木場明志，一九九二年）。

土御門家也仿效了這種神道與修驗道的做法，但不幸的是，他們比其他人晚了一步，甚至兩步。因此，地方宗教者之間出現了雙重支配的情況，即有些人持有神道的證書，同時也是土御門家的門人。此外，對於已經加入修驗道組織的人，土御門家有時也會要求他們入門，並收取上繳金。土御門家的主張是，即使是僧侶、神職或修驗者，只要進行「占考」，也就是占卜活動，就必須獲得土御門家的許可，等於強迫入門。正因為如此，土御門家與僧侶、神職、修驗道等其他宗教系統時常發生衝突與爭執（林淳，二〇〇五年）。

此外，動作落後別人的土御門家也將目標轉向三河的「萬歲」這類雜技藝人，將他們納入門下成為「陰陽師」。這些雜技藝人當然不具備「陰陽師」的知識與技能，但土御門家仍授予他們「陰陽師」證書，要他們上繳營利所得。補充說明一下，當時的「萬歲」是一種具有宗教性的祝福性表演，與現在我們所認知的不同。

回顧陰陽師的歷史，「陰陽道」自安倍晴明時代以來，一直與神祇信仰、密教、儒教等其他宗教領域競爭，並不斷吸收對方的知識和祭祀方法，而密教與儒學也常常受到「陰陽道」知識的影響。可以說，日本的宗教世界，就是在如此多樣的信仰知識及技法競爭中逐漸壯大的。就這層意義而言，江戶時代陰陽道與其他宗教系統之間的衝突，並非單純的經濟問題，而是一種難以化解的「傳統」問題了。

此外，對江戶時代前期的陰陽師來說，還有另一個新競爭對手出現，那就是結合了西方天文學的幕府「天文方」。

「貞享改曆」的深層意涵

天和三年（一六八三），在土御門泰福的努力下，「諸國陰陽師之支配」制度確立，但就在隔年，發生一件撼動陰陽道歷史的重大事件，就是貞享元年（一六八四）的「改曆」。這是時隔八百二十三年後的再度改曆。

日本自平安時代貞觀三年（八六一）採用《宣明曆》以來，曆法一直未變，持續使用至江戶時代前期。然而，《宣明曆》在預測日蝕或月蝕等現象時經常出錯，與實際情況約有兩天的偏差。因此，許多人指出曆法的錯誤，而且越來越多的知識分子意識到它已經過時了。終於，在貞享元年，新的曆法取代古老的《宣明曆》（實際使用則是從翌年開始）。這次改曆的主導人正是澀川春海（一六三九～一七一五年）。

澀川春海原本出身於幕府所屬的「碁所」宗家（專門從事圍棋的家族），但他很早就對和算術[2]、曆學及天文學產生濃厚的興趣，並且潛心研究。在會津藩主保科正之與水戶藩主德川光圀（水戶黃門）等人的支持下，澀川春海學習了傳自西洋天文學的《天經或問》，將受伊斯蘭曆影響、由元代郭守敬等人編著的《授時曆》，改編為符合日本（京都）經緯度的《大和曆》，終於成功推動了「貞享改曆」。憑藉這一功績，澀川春海辭去碁所之職，擔任新設立的幕府「天文方」而專研天文。從此，澀川家族代代都是擔任幕府的「天文方」職務。

正如第一章提到的，每年負責編製並頒布「曆法」的工作，一直由陰陽寮的「曆道」部門壟斷。曆法的管理，即時間的管理，原本是天子（天皇）的聖職，但實際上是由陰陽寮代行。賀茂家曾長期掌控曆道部門，直到中世末期因時局混亂而家族斷絕，「造曆」任務才轉移到土御門家（但如第三章所述，賀茂家收了安倍家的人為養子，於是保留了「賀茂家」的名義）。

總而言之，「曆法」的編制與變更，向來是朝廷權力及陰陽寮的獨占領域。而幕府設立「天文方」並主導改曆，頗有挑戰朝廷權威之意。

關於江戶時代的朝廷，一般認為它被置於幕府的「管理之下」，例如著名的「禁中並公家諸法度」，就意味著朝廷與天皇的職責被限制在學藝與儀式等「非政治性」領域。然而，根據近年的研究，正確的看法應該是，戰國末期接近崩解的朝廷與公家秩序經過重新建構，朝廷在「幕藩體制」這一近世新秩序中扮演了一部分角色，亦即，朝廷與幕府透過相互依存的關係來維持整個體制（藤田覺，二〇一一年）。江戶時代的朝廷與天皇角色絕對不容小覷。

因此，在貞享改曆的過程中，儘管新曆法是由澀川春海制定的，但他「入門」土御門家，必須依據土御門家的傳統來完成改曆程序（梅田千尋，二〇〇九年）。換言之，形式上新的曆法依然遵照傳統，以「陰陽寮」的名義上奏朝廷。

接下來，再進一步深入探討土御門泰福與澀川春海之間的關係。

土御門泰福與澀川春海之間的關聯

一個是背後有傳統權威支持的土御門家，一個是吸收西洋天文學知識的新興幕府天文方澀川家，過去的研究都將兩者視為對立的兩造，並就近代「科學進步」這個絕對價值來看，認為積極引進西洋天文學的幕府天文方，即澀川家，贏得了勝利，而

2 譯註：日本的傳統數學、算學。

墨守古老陰陽道傳統的土御門家則是敗北。然而，歷史的真相絕非表面上那麼簡單。

如果回到貞享元年（一六八四）的改曆現場，會發現澀川春海對比他年輕的土御門泰福表現出臣屬的禮節，但兩人之間的關係十分友好（木場明志，一九八二年）。而且，土御門泰福也協助澀川春海在京都梅小路（土御門府邸）豎立鐵表以蒐集數據，可見他並不是一個死守傳統陰陽道的人。值得一提的是，在電影《天地明察》中，泰福與算哲（春海）被描繪成一起對抗公家保守勢力的「同志」，這並非完全虛構的情節。

將陰陽道的土御門泰福與天文方的澀川春海聯繫在一起的，是一個在近世社會中逐漸擴展開來的新興「神道」。沒錯，就是在電影中也十分活躍的山崎闇齋所創立的「垂加神道」。

然而，為什麼看似毫無關聯的天文學、陰陽道與神道，竟能如此緊密相連？這正是近世社會中，陰陽道轉變成新風貌的祕密所在。

從「吉田神道」到「垂加神道」

首先，讓我們回溯到中世後期，重新審視神道與陰陽道的關係。

正如第三章所述，在中世後期，卜部吉田家的奇才吉田兼俱積極學習賀茂家的天文學與曆道，並運用於自己的《日本書紀》注釋，也就是「神道說」當中。此外，也有賀茂家的人進入吉田家，學習神道的祕論。當時，神道與陰陽道之間的關係已是密不可分。

在那個時代，陰陽道與神道（吉田神道）彼此競爭、互相切磋，但到了中世末期，這種關係發生了變化。中世末期，專研曆道的賀茂家實質上已經斷絕，而土御門家在戰亂中遷往若狹國名田庄，導致許多土御門家傳承的文書遺失，例如，陰陽師專有的卜占術「六壬式占」的實踐方法等，也在這次混亂中失傳了（小坂真二，一九九三年）。到了豐臣秀吉時代，土御門家系的陰陽師又遭到流放，面臨生死存亡的危機。

有一件象徵陰陽道衰退的事件發生了。天正十三年（一五八五），京都頻繁發生地震且持續不止，於是吉田家與土御門家都奉命進行祈禱。土御門家的宗主土御門久脩（泰福的曾祖父，因涉嫌承接詛咒業務而遭到流放，詳見第三章）舉行了泰山府君祭。然而，觀看該祭祀的吉田兼見（一五三五～一六一〇年）在他的日記《兼見卿記》中寫道，泰山府君祭這個陰陽道重要祭祀所用的「壇場」極其粗陋，讓他大為驚訝。土御門久脩甚至懇求吉田兼見借他舉行祭祀時所需的法具和裝束，但吉田兼見拒絕了（林淳，二〇〇五年）。

進入近世後，寬永六年（一六二九），土御門泰福的祖父泰重奉命為中宮進行安產祈禱，但他的祭祀方法與其說是陰陽道的獨家儀式，不如說是「宗源行事」與「十八神道行事」等吉田神道的儀式（林淳，二〇〇五年）。這表明在那段時間，土御門家獨家的「陰陽道祭祀」已不復存在，陰陽道幾乎淪為吉田神道的一個分支。

而挽回陰陽道衰退的人物，正是土御門泰福。他洞察到吉田神道仍保留著中世的「神佛習合」[3]色彩，已不再符合近世社會的需求，於是轉向當時崛起的新神道流派，也就是山崎闇齋創立的「垂加神道」。特別是，山崎闇齋的垂加神道與「天文學」之間有著某種共鳴。

山崎闇齋是什麼人？

在此，簡單介紹一下山崎闇齋。

山崎闇齋（一六一八～一六八二年）出生於京都的一個針灸醫師家庭，年輕時曾在比叡山、妙心寺及土佐的吸江寺修習佛道，但後來從土佐的一位儒學者那裡學到了「南學」，於是脫離佛門而還俗。返回京都後，他除了學習朱子學，還開始研究神道。可以說，他的思想歷程正反映出江戶時代前期的思想動向。

山崎闇齋對「神道」的關注，始於他得到會津藩主保科正之的支持時，透過介紹而跟隨吉田神道的繼承者吉川惟足（一六一六～一六九四年）學習（但後來兩人關係決裂）。此外，山崎闇齋還向伊勢神宮的外宮祠官、被譽為伊勢神道復興者的出口延佳（一六一五～一六九〇年）學習「伊勢神道」。身為朱子學者的山崎闇齋，從儒學的角度批判神佛習合的中世神道，然後加以重新整編，創立了獨家的「垂加神道」。順帶一提，「垂加」這個名稱，來自他從出口延佳學習的伊勢神道中「神垂祈禱為先，冥加正直為本」（《寶基本記》）一語。

就這樣，山崎闇齋創立的垂加神道迅速在近世社會中傳播開來，入門者包括會津藩主保科正之、陰陽道的土御門泰福、天文學家澀川春海、武家傳奏[4]正親町公通，甚至京都的下御靈社、伏見稻荷社、祇園社等神職人員也有很多都成為他的門人（松本丘，二〇〇八年）。另外，山崎闇齋的墓地就位於京都黑谷的金戒光明寺。

那麼，朱子學者山崎闇齋為何轉向「神道」？要探究其背景，就有必要了解十七世紀後半的時代動向。

我要再度強調，對江戶時代的知識階層來說，「儒學」（朱子學）是正統的學問。他們認為「中國」是文明的中心，即「中華」，而日本則被定位為周邊的「夷」。這

3 譯註：日本神道與佛教相融合的現象。

4 譯註：日本朝廷中的職名之一，由公卿擔任，主要職責是充當朝廷與幕府之間的中介者，負責傳達雙方的意見、命令和訊息。

位於京都黑谷金戒光明寺中的山崎闇齋之墓。

種思想稱為「華夷思想」，與當時「明」帝國的存在密不可分。「明」是十四世紀中期，漢民族推翻邊疆部族國家「元」（蒙古帝國）後建立，並且實現以漢民族為中心的「中華」帝國。

然而，十七世紀中期，明滅亡，取而代之建立新帝國的竟然是女真族（滿洲族），這就是大清帝國。以漢民族為主的國家再次被「異族」推翻，「中華」變成一個異族國家，意味著「中華」、「華夷」思想的現實基礎已然崩潰。

明滅亡、清誕生這個歷史性轉折，對江戶的儒學者來說，簡直是我們現代人無法想像的重大事件（若要類比，或許可與蘇聯解體時「馬克思主義者」的動搖相提並論），他們所信奉的儒學——文明教義的現實根據——不見了。因此，江戶的儒學者重新審視「中華思想」，採取相對化的概念，進而創造出日本才是真正的「中華」這種日本中華思想，也就是所謂的「日本型華夷思想」（桂島宣弘，二〇〇八年）。

成為「神道」的陰陽道

在這樣的時代變遷中，身為朱子學者的山崎闇齋開始關注「神道」，並認為它超越了儒學。當然，當時的「神道」，並非單純只是《古事記》或《日本書紀》的古代神話而已。

例如，《日本書紀》中記載，於天地未開、混沌未分時，陰陽之氣產生，天地形成，此後最早顯現的神祇是「國常立尊」。換句話說，陰陽之氣產生後，接著便顯現一尊名為「國常立」的神。然而，山崎闇齋以儒學的視角重新解讀了這段神話。原文有點艱深，引述如下：

> 原夫神之所以為神者，初無此名此字，惟其妙不可測，為陰陽五行之主，萬物萬化，莫不由此而出。故自然而然，發於人聲，然後有此名與此字。《日本紀》所謂國常立者，乃尊奉而號之也。
>
> （《垂加翁神說》）

山崎闇齋認為，探索天地初始時，並無「神」這個名稱或字眼，只是那不可思議的存在成為陰陽與五行的主體，進而創造了天地萬物。之後，隨著「文字」的發明，這種靈妙的存在被命名為「神」，並稱之為「國常立」……

山崎闇齋將天地萬物的創造解釋為陰陽與五行之氣的作用，這是他作為朱子學者的必然立場。同樣，《日本書紀》中也有類似的記載（但未提及「五行」）。不過，山崎闇齋進一步說明，生成天地萬物的陰陽與五行之能量，其實就是「國常立」。

換句話說，天地開闢之初顯現的「國常立」，就是生成天地萬物的陰陽五行之氣的名稱。反過來說，中國的陰陽五行思想，其實就是對日本所有神祇的描述。這種解釋方式就連上了日本才是「中華」的論述。可見，垂加神道在形成「神國」、「皇國」意識方面，發揮了重要的影響力。

由此不難窺知，為何土御門泰福會對山崎闇齋的神道產生共鳴，並加入其門下。土御門家奉行的「陰陽道」，也是以中國的陰陽五行說為基礎，但根據山崎闇齋的教義，陰陽五行說實際上也是「神道」的一部分，這個邏輯讓陰陽道變成是「神道」的別名。於是，土御門泰福稱土御門家的陰陽道為「天社神道」（或稱安家神道、土御門神道）。

然而，回顧歷史，陰陽道一直與時代最新的信仰和知識互相競爭、互相影響，從而創造出各個時代特有的「陰陽道」。可以說，不斷轉變正是陰陽道的「傳統」。因此，與近世新思想垂加神道結合而成的「天社神道」，正是近世特有的陰陽道形態。透過與新時代的契合，陰陽道才得以繼續在日本歷史上發揮作用。

而參與土御門泰福創造陰陽道即天社神道的關鍵人物，正是澀川春海。

「神道家」澀川春海

提到澀川春海，人們的印象大多是近代的、科學的天文學家，但其實他幼年便拜入山崎闇齋的垂加神道門下，並向伊勢內宮的神官荒木田經晃學習「伊勢神道」，此外，他還學習了吉田（卜部）、吉川以及忌部系各流派的神道（西內雅，一九四五年）。可以說，他也曾學習土御門泰福的「天社神道」。因此，澀川春海的另一個身分就是「神道家」。

身為「神道家」的澀川春海與天文學有所關聯，這點可以從他的神道著作《瓊矛拾遺》中看出端倪。這本著作雖然不為人所悉，但其中有一段他從《日本書紀》神話談起「我國曆之始」的記述。

根據《日本書紀》一書（第六）的記載，伊邪那岐從黃泉國歸來後，為洗滌死亡的污穢而在河邊進行祓禊，過程中誕生了三尊神明：「八十枉津日神」、「神直日神」

與「大直日神」。通常這段神話被解釋為先是誕生了惡神「八十枉津日神」，然後為了淨化祂而誕生了「神直日神」與「大直日神」。然而，澀川春海對此做了以下的解釋：

此之類，日行之度，所謂三天也。冬至之時，日曲折而東出，是謂八十枉津。春分之時，日漸直，是謂神直日。夏至之時，日愈直，是謂大直日。我國曆之始，伊弉諾尊測日之三天，雖考春秋，而定歲時，其詳不可得聞也。

（《瓊矛拾遺》）

澀川春海將伊邪那岐進行祓禊而誕生「八十枉津日神」、「神直日神」與「大直日神」三神的過程，解釋為測量太陽運行與季節位置，也就是測量冬至、春分及夏至時太陽運行變化的過程。這樣的解釋對於現代人來說，實在難以想像。從現代的神話研究成果來看，這無疑是一種牽強附會的說法。

然而，澀川春海接著指出，即使伊邪那岐測量了「三天」，也僅能夠認識太陽運行引起的春秋季節變化，還不足以確定「歲時」，完成「曆法」。他進一步說明，真正的曆法起源於推古天皇十年（六〇二）百濟僧人觀勒獻上曆本；後來，持統天皇元年

（六八七）頒布曆法，持統天皇四年（六九〇）使用了《元嘉曆》（南宋元嘉二十年〔四四三〕由何承天制定的曆法）與《儀鳳曆》（唐麟德二年〔六六五〕由李淳風制定的曆法）。毫無疑問，百濟僧人觀勒引進的曆本、持統天皇時代使用的《元嘉曆》及《儀鳳曆》，都是中國製作的太陰太陽曆。因此，他認為「我國曆之始」的起源應該追溯到中國曆法的引入。作為垂加神道的一員，這種將朱子學與神道相融合的思想自是理所當然的。

《天經或問》帶來的影響

然而，澀川春海並未止步於「中國」。之所以能夠完成貞享改曆，是因為他不僅學習中國元代的《授時曆》（在此之前，從中國曆法的立場來看，此書被視為異端），還學習了西洋天文學概論書《天經或問》的研究成果。

《天經或問》是明末清初游子六所編纂的一本書，內容概述由耶穌會士傳入的西洋天文學知識，並說明「地球」、「行星」、「天動說」、「太陽曆」等現代天文學的基礎概念。

當然，自德川幕府在寬永七年（一六三〇）頒布了著名的「御禁書令」後，所有與「天主教」相關的中國書籍均被禁止輸入。儘管如此，《天經或問》仍然成功避開這些限制，傳入日本，更有專家認為本書是「寬永禁書令下，我國人唯一能夠接觸到的西洋天文學書籍」（藪內清，一九六〇年）。澀川春海的《天文瓊統》、谷秦山的《秦山集．壬癸錄》、新井白石的《西洋紀聞》（正德年間），以及寺島良安編著的《和漢三才圖會》（正德二年〔一七一二〕出版），都引用了這本書的內容，甚至國學大師本居宣長也曾經閱讀過（齋藤英喜，二〇一二年a）。

就這樣，透過掌握西洋天文學知識，澀川春海成功擺脫了中國絕對主義，即中華思想的束縛。他的《貞享曆》，便是在吸收最新中國曆法的同時，還參考了耶穌會傳教士利瑪竇所著的世界地圖《坤輿萬國全圖》，計算出中國與日本（京都）之間的距離並加以應用，才創造出屬於日本的曆法《大和曆》（林淳，二〇〇六年）。此舉與學習朱子學的山崎闇齋將自身思想稱為「神道」的做法不謀而合。

因此，陰陽道的土御門泰福透過與澀川春海及山崎闇齋的交流，參與了「日本」固有信仰與思想——不同於中國絕對主義，即中華思想——的創造，而這正是「神道化之陰陽道」的創造，亦即近世前期陰陽道的成立。

然而，之所以能夠發現有別於中華思想的「日本」，一大原因就是接觸到「西洋」的新學問與新知識。

西洋天文學正逐漸滲透江戶時代的知識階層中。陰陽道也在與新時代知識的互相競爭及影響中逐漸改變。那麼，陰陽道的實踐者「陰陽師」，又是如何因應這個新時代的呢？

2 與西洋天文學邂逅的陰陽道

江戶時代的「晴明逝世紀念活動」

平成十六年（二〇〇四）是安倍晴明逝世一千年的重要年度，各地都在舉行紀念活動，將已在盛行的安倍晴明熱潮炒到最高點（晴明神社的「一千年祭」於次年舉行）。許多人對這波熱潮應該還有印象吧？

但各位知道嗎？其實江戶時代也曾舉行安倍晴明的逝世紀念活動？當時這些活動稱為「晴明靈社祭」。根據土御門家的記錄，這些紀念活動共舉行了五次：

- 承應三年（一六五四）：六百五十年祭
- 寶永元年（一七〇四）：七百年祭
- 寶曆四年（一七五四）：七百五十年祭
- 文化元年（一八〇四）：八百年祭

‧嘉永六年（一八五三）：八百五十年祭

特別值得注意的是，在寶曆四年（一七五四）舉行的「七百五十年祭」期間，土御門家與各地「晴明史跡」之間的關聯更加緊密了（村山修一，一九八一年）。從現代的觀點來看，這些「晴明史跡」就是傳說中與安倍晴明有關的地點。例如，在寶曆四年前後，確認了以下幾處「晴明史跡」：

◇大和國安倍山文殊院

原為安倍（阿倍）氏的氏寺。這裡有著名的「仲麿公御廟」與「晴明公之石窟」，並由土御門家授予「晴明靈社」的神號。

◇泉州信太明神

寶曆期間，因竹田出雲所作的淨瑠璃《蘆屋道滿大內鑑》以其為舞台而聞名，祭祀安倍晴明的母親神狐。不過，作為「晴明史跡」而為人所知的名稱是「信太明神社」（聖神社）。此外，這地區還有土御門家支配下的陰陽師村落「舞村」，這些陰陽師也協助土御門家進行「改曆」工作。

◇京都嵯峨壽寧院

傳說這裡是所謂的「清明公御廟」，是一處墓地，但與土御門家幾乎沒有關係。土御門家曾經詢問這裡的情況，但很久都得不到回應，後來終於取得聯繫，並授予「晴明靈社」的神號。

這些寺院與神社經土御門家認定為「晴明史跡」後，便納入其支配之中。對特定歷史人物的活動地點賦予特殊意義，是江戶時代常見的做法。以安倍晴明的情況來說，寶曆四年（一七五四）的七百五十年祭，更是別具劃時代的意義（梅田千尋，二〇〇二年）。在此之前，其實自天和三年（一六八三）以來，土御門家便致力於將各地陰陽師納入其支配下了。

此外，這個七百五十年祭還有一項不能忘記的「晴明史跡」認定，那就是「京都葭屋町晴明社」……沒錯，就是現今的晴明神社。

住在「晴明社」的是……

位於京都一條戻橋旁的「晴明神社」，因安倍晴明的熱潮而迅速成為熱門景點。然而，這股熱潮並非平成時代才突然開始的。早在江戶時代，「葭屋町一條上晴明社」

就以安倍晴明的宅邸遺址聞名，甚至被收錄在京都的名所指南中。值得一提的是，關於「晴明社」是安倍晴明宅邸遺址的傳聞，從史料來看是不正確的，這點前面已經介紹過了（參見第三章）。也就是說，晴明社似乎與安倍家並無直接的關聯。

那麼，江戶時代，究竟是誰住在這間晴明社呢？為什麼它與安倍家（土御門家）沒有直接關係，卻依然取名為「晴明社」呢？

寶曆四年（一七五四）舉行的安倍晴明七百五十年靈社祭期間，土御門家調查了各地「晴明史跡」的由來，其中也包括位於土御門家的大本營京都、當時非常受歡迎的「晴明社」。調查結果顯示，住在晴明社的是「愛宕的僧侶」。

愛宕山位於京都市的西北方，以祭祀火神迦具土而聞名，被視為防火神山。又因為傳說天狗居住在這座山上，於是受到人們的敬畏，成為一處山岳修驗者的靈場。為什麼「愛宕的僧侶」會祭祀安倍晴明呢？根據梅田千尋老師對江戶時代「晴明社」的詳細調查，愛宕的僧侶中，有許多人是擅長易占與祈禱的山伏，即法師陰陽師；換句話說，這些「愛宕的僧侶」其實是一群住在晴明社的民間陰陽師（梅田千尋，二〇〇二年）。可見，在江戶時代，晴明社是這些民間宗教人士的活動據點。

因此，在安倍晴明七百五十年靈社祭期間，土御門家將葭屋町的晴明社納入自己的支配範圍中。不僅如此，土御門家的宗主土御門泰兄，即泰邦之子，也親自去參拜了晴明社，同行者甚至包括幕府的天文方官員，可見祭典規模之大（梅田千尋，二〇〇二年）。

話說回來，為什麼幕府的天文方官員也參與其中？這是因為自貞享改曆以來，幕府的天文方官員形式上都是土御門家的「門人」。不過，對土御門家來說，寶曆四年（一七五四）除了安倍晴明七百五十年靈社祭之外，還有另一個重要活動，就是第八代將軍德川吉宗主導的再次改曆工程。

「寶曆之改曆工程」的深層因素

由澀川春海製作的《貞享曆》即使在施行七十年後誤差也不大，並沒有迫切需要改曆的理由。要求進行改曆的是第八代將軍德川吉宗。據說德川吉宗相當熱衷天文學，曾在吹上御苑裝置他自己設計的測量器具來觀測星象，甚至邀請住在長崎、精通西洋天文學的西川如見前來賜教。此外，德川吉宗還接受有人提出「發展天文學需要西洋知識」的建議，放寬自寬永以來的禁書令。他希望以西洋天文學為基礎，製作出更加精密的曆法（渡邊敏夫，一九七六年）。

然而，當時幕府天文方澀川家沒有人能夠依據最新西洋天文學來進行改曆。最後，西川如見的次子，在江戶講述天文學的西川正休（一六九三～一七五六年）被召來擔任實質上的改曆負責人，並在神田佐久間町建造天文台，開始進行觀測（渡邊敏夫，一九七六年）。順帶一提，西川正休出版了《天經或問》的訓點本[5]，對推廣西洋天文學概論頗有貢獻，但他只精通一般的理論，並不擅長數學計算而無法造曆。

德川吉宗死後，改曆事業中止，土御門泰邦（一七一一～一七八四年）趁機插手改曆事務。當時曆法的製作與頒布權力大多已移轉至幕府天文方，因此土御門家一直在尋找機會重新奪回這些權力。土御門泰邦對被派到京都進行改曆的天文方代表西川正休發動論戰，並以強硬手段壓制對方，結果西川正休被召回江戶，土御門家因此掌握了改曆的主導權。

但土御門泰邦真的具備足以打敗天文方的西洋天文學知識或造曆所需的計算能力嗎？這點令人質疑。在京都的西村遠里，一名通曉天文與曆法的在野學者，將土御門泰邦與西川正休的論戰貶抑為「猶如曆術上的黃口小兒」。

最終，寶曆四年（一七五四）的改曆《寶曆甲戌元曆》，並沒有澈底運用西洋天文學的知識，只不過對《貞享曆》做了一點冬至觀測上的修正罷了（中村士，二〇〇八年），但對土御門家來說，這次改曆是從幕府天文方手中奪回曆法製作權的「一大勝利」。據說西村遠里早期曾以「指南番」[6]身分在土御門家輔佐土御門泰邦（林淳，二〇〇六年）。

陰陽道落伍了？

然而，《寶曆甲戌元曆》的缺陷很快就暴露出來，因為寶曆十三年（一七六三）九月初一發生「食分五分」的日蝕，土御門泰邦制定的曆法未能準確預測出來。因此，土御門家之前累積的信任度一夕崩塌。隨後又在明和八年（一七七一）製作《寶曆甲戌元曆》的修正版，但仍有明顯的錯誤，幕府最終放棄了土御門家，改由天文方進行新的曆法修訂。

首先，寬政四年（一七九二），天文方受命根據明末耶穌會傳教士湯若望（Johann Adam Schall von Bell）翻譯成中文的西洋天文學著作《崇禎曆書》，進行了一次試驗性的曆法製作，隨後在寬政九年（一七九七），根據西洋天文學，尤其是講述克卜勒（Johannes Kepler）的橢圓軌道定律的《曆象考成後編》，由麻田剛立的兩位門生運用最新西洋天文學知識進行改曆，這就是《寬政曆》（渡邊敏夫，一九七六年）。

領導寬政改曆的麻田剛立（一七三四～一七九九年），原為豐後國杵築藩的藩醫，自學天文學與曆術，最終脫藩前往大阪，創立名為「先事館」的私塾，成為一位相當

5 譯註：在漢文書籍中添加日文讀法註記的版本，這些註記稱為「訓點」。

6 譯註：為幕府或大名工作，相當於指導老師。

活躍的在野天文學家。因為他的優異表現，後來「麻田派」天文學派系隨之誕生，繼續培養出多名出色的學者。以大阪為基地的麻田派天文學，其特點在於成員都是擅長精密的曆法理論與計算技術的「曆法學者」。

另一方面，以長崎為基地的西川如見、西川正休及志筑忠雄等人，則是致力於解釋地動說、太陽系與宇宙結構等的「天文學者」（中村士，二〇〇八年）。西洋天文學已經發展得越來越精密，甚至形成不同學派了。

在西洋天文學如此蓬勃的進展下，幕府的天文方與土御門家的陰陽道已然成為跟不上時代潮流的守舊落伍派，因此負責改曆的，反而是那些遠離朝廷與幕府、自學研鑽天文學和曆術的在野學者。土御門家的陰陽道，在天文學知識當道的世界裡被視為過時的占卜咒術集團。很多人認為，「陰陽道」時代已經結束了。

然而，並非完全如此。土御門泰邦在寶曆四年（一七五四）進行改曆時，雖然給人的印象更多是政治上的權力角逐，但他在元文五年（一七四〇）左右，開始每月六次在自己的宅邸講授《晉書．天文志》、《漢書．五行志》等天文書籍，以及《日本書紀．神代卷》、《古語拾遺》等神道相關書籍，聽他講課的弟子逐漸增多。而且土御門泰邦本人也自學《天經或問》來吸收西洋天文學知識，並撰寫有關天文學及曆學的著作（林淳，二〇〇六年）。

值得注意的是，來聽土御門泰邦講課的人群中，除了民間的陰陽師，還有民間社會中想要學習天文學及神道的在野知識分子。這表示，土御門家逐漸擁有一種力量，能夠將不同於傳統「諸國陰陽師支配」制度的人凝聚在一起。

此外，在寬政改曆之後，土御門家害怕自身地位下降，便於寬政十二年（一八〇〇）開始設立教授陰陽道、天文學及漢學的家塾，最初命名為「仮學塾」，後來更名為「齊政館」。換句話說，土御門家建立了一種與「官學」系的幕府天文方相對的「私立」教育機構。在西洋天文學知識逐漸被幕府機構壟斷的同時，這間私塾成為愛好天文學、曆學的廣大民間知識分子的學習場所（梅田千尋，二〇〇九年）。

在具體討論這些情況之前，先介紹一個有趣的例子。這是有關江戶時代中期土御門泰邦進行改曆時，天文學與曆術等知識如何傳播到陰陽道與天文方以外的知識階層的故事。其中，有個意想不到的人物深深著迷於天文學。

著迷於天文學的《古事記傳》作者

有一名青年，從伊勢松坂前往京都進修，立志成為醫師。他在日記中寫下寶曆改曆的事：「下旬頒布改曆之令，稱為寶曆甲戌曆。土御門三位治部卿陰陽頭安倍泰邦朝臣，負責此事。」（寶曆四年〔一七五四〕十一月）。京都正是這次改曆的舞台。

從日記中，可以一窺這名青年離開家鄉後，在京都遊樂的身影。而這名青年，正是後來撰寫《古事記傳》的本居宣長（一七三〇～一八〇一年）。提到本居宣長，在人們的印象中，他是繼承賀茂真淵的國學大師，並以重新發現《古事記》比《日本書紀》更具獨特價值而聞名，被譽為現代文獻學與國文學的始祖。即使在今天，國文學研究者仍會引用他的著作作為前期研究。

不過，本居宣長曾經批判中世的《日本書紀》注釋學，尤其是吉田兼俱的注釋，但他自己的《古事記傳》注釋卻與之有著共通之處；此外，他一方面批判「神道者都是愚昧之人……」，卻在思想上與垂加神道有所共鳴。他還透過「注釋」這種方法來重新解讀《古事記》與《日本書紀》，創造出屬於近世特有的神話，即「近世神話」，因此也算是一位神話學者（齋藤英喜，二〇一二年a）。

然而，大家普遍不知道《古事記》研究者本居宣長，其實曾經深入鑽研天文學，並撰寫相關的著作與論文。以下是他的一些天文學作品及論文：

・〈天文圖說〉天明二年（一七八二）

・《真曆考》同年

・《真曆不審考辨》天明七年（一七八七）
・〈沙門文雄九山八海解嘲論之辨〉寬政二年（一七九〇）

本居宣長常被認為是個偏狹的國粹主義者，但從這些天文學相關論文來看，他其實都是在論證西洋天文學如何地優越，甚至還在隨筆中提到《天經或問》。例如，他在寬政二年（一七九〇）撰寫的〈沙門文雄九山八海解嘲論之辨〉中，澈底批判以須彌山說為基礎的佛教系天文學，並論證西洋天文學揭示的「地球」說的正確性。他承認，這個世界是漂浮在空中的一個球體，即「地球」。值得注意的是，七年後，麻田剛立門下的西洋天文學者就制定了《寬政曆》，這點如之前所述。

此外，本居宣長在天明二年（一七八二）撰寫的〈天文圖說〉中，提到澀川春海制定《貞享曆》時曾參考過的《授時曆》，並論述此曆書的優越性；但他也指出，由於《授時曆》沒有認識到「歲差」問題，最終仍需要再做修訂。他居然提到當時天文學者終於認識到的「歲差」問題，並論述澀川春海採用的《授時曆》本身的精密性問題及其局限，這點著實令人驚訝。

所謂「歲差」，是指地球自轉軸每隔二萬五千八百年所產生的周期性變化，導致觀測到的星座位置會有些微的移動。早在二千多年前，希臘、羅馬與埃及就已經認識到了這種「現象」（高倉達雄，一九八三年）。希臘天文學家托勒密將歲差的變化值定為每一百年一次，而伊斯蘭天文學家巴塔尼則認為是每六十六年一次（三村太郎，二〇一〇年）。澀川春海在寬文十年（一六七〇）出版的《天象列次之圖》中，記錄了後漢劉洪從春分點的移動推導出「歲差之法」這件事（西內雅，一九四五年）。顯然，本居宣長掌握了這樣的專業天文知識（田山令史，二〇〇九年）。正是因為「歲差」現象才有改曆的必要。可以說，本居宣長也是在野中精通西洋天文學的專家之一。

太陽曆與天照大神

本居宣長在研究天文學期間，正是他在撰寫畢生之志《古事記》的注釋書——《古事記傳》之際。在書中，本居宣長將天照大神解釋為「今御照此世之天津日」（《古事記傳》六之卷），也就是說，他將天照大神視為光照天空的太陽本身。這不僅是將天照大神視為象徵性的太陽神，而是直接將天體中的太陽視為天照大神。

太陽普照大地（地球），對生活在地上的人們來說，是不可或缺的。因此，身為太陽（天照大神）的子孫，由天皇所統治的「皇國」，自然被宣稱為他國無法比擬的卓越之國。這種論點展現出強烈的自我中心主義，甚至常被批評為盲目的日本中心主義。然而，儘管本居宣長的論點看似非理性且充滿神話色彩，背後的基礎卻是以西方天文學的知識為前提，即太陽這顆天體照亮了地球。

此外，本居宣長指出中國傳入的太陰太陽曆（舊曆）中的不準確性，主張以太陽為中心的曆法，即「太陽曆」，才是「天地自然的曆法」，即真正的曆法（《真曆考》）。這種想法顯然受到《天經或問》的影響。也因此，本居宣長最終得出結論，太陽本身就是天照大神，並且是「太陽曆」的根源之神（齋藤英喜，二〇一二年a）。

名古屋的天文學家川邊信一批判本居宣長《真曆考》中的太陽曆論述是西方人的想法。對此，本居宣長雖然未明言是依據《天經或問》而來，但坦言這本書的說法「引人入勝」（《真曆不審考辨》）。不過，他的「太陽曆才是真正的曆法」論調，顯然是受到《天經或問》影響的（桃裕行，一九七二年）。也就是說，《天經或問》的西洋天文學與天照大神的神話有所關聯。

值得一提的是，川邊信一當時是名古屋的知名天文學家，但他僅固守中國的傳統曆法，而本居宣長則精通最新的西洋天文學，甚至提及「阿蘭陀曆法」的精確性（大久保正，一九七二年）。可以說，《古事記》研究者本居宣長，也是一位與土御門家陰陽道及幕府天文方分屬不同系統的在野天文學家。或許他與大阪「麻田派」天文學家也有所來往。

此外，本居宣長的弟子服部中庸（一九五七～一八二四年）乃是伊勢松坂的町與力[7]之子，也是一位著迷於天文學的國學家，留下一本以天文學為基礎進行獨特的神話解釋之作《三大考》（遠藤潤，二〇〇八年）。

天文學者平田篤胤

以在野的「天文學者」來說，我還想介紹另一位意想不到的人物——平田篤胤（一七七六～一八四三年）。他是本居宣長的「歿後弟子」。平田篤胤一直被認為是個比本居宣長更為狂熱的極端民族主義分子，但近年來，他的評價逐漸上升，更被譽為民俗學、靈學以及近世出版文化的先驅（吉田麻子，二〇一二年）。值得注意的是，平田篤胤比本居宣長更加精通天文學與曆學。

例如，本居宣長無法完全理解「地動說」，但平田篤胤則明確支持地動說。他曾在以一般人為對象的講座中，對許多聽眾這樣解釋地動說：「大地以天空之日為中心，於遙遠之天空右旋漂游，環行一大周（是為一年）。」（《古道大意》）。

順帶一提，江戶時代，即十八世紀後半，「地動說」已廣泛傳播各地。例如，寬政八年（一七九六）司馬江漢的《和蘭天說》、寬政十年（一七九八）長崎通詞志筑忠雄的《曆象新書》中，都提到了「哥白尼」及「牛頓」；同年，本多利明的《西域物語》，以及享和二年（一八〇二）至文政三年（一八二〇）完成的山片蟠桃的《夢之代》等，也都講述了這一觀點（鮎澤信太郎，一九四八年）。西方天文學的觀點——即天體靜止而地球運動，地球之外還有無數個世界——在當時已是知識界的常識，而平田篤胤就處於這樣的知識環境中（齋藤英喜，二〇一四年b）。

然而，平田篤胤語出驚人地表示，在西方人發現地動說之前，日本的「古傳說」中已經出現這樣的觀念了。他將《古事記》中「國尚稚嫩，猶如浮脂，搖曳徘徊於九重天宇之下……」這段神話，解釋成地球在天界中旋轉運行之意（《古道大意》）。

平田篤胤不僅精通西洋天文學「概說」，還著有《弘仁曆運記考》、《太昊古曆傳》等不少與曆學有關的著作。此外，在文政九年（一八二六）的《印度藏志》中，他引用大量佛典，論證「佛教」不過是模仿吠陀派或薩迦派的迦毗羅仙學說，還引用了《宿曜經》與《摩登伽經》等印度天文占星術文本，顯示他也精通宿曜道（密教系天文占星術）。

更有意思的是，平田篤胤表示：「曆術者，測度天地間流行之造化氣運之法也，蓋所謂天文學之本。」認為由數理計算及天體觀測所發展出來的「曆術」，正是天文學的基礎；這一觀點與麻田派的見解相符。

7 譯註：與力，江戶時代的基層武士。

由此可見，平田篤胤不僅精通西洋天文學，還深入研究中國系、印度系的天文學與曆術，簡直超越了天文方與土御門家。不過，他從這些天文學知識中得出的結論卻十分驚人。在統合西洋、中國、印度的天文學後，他竟主張其根源是日本的神祇。

平田篤胤認為，「曆法」的起源與統治者「曆神」，正是祇園社的祭神牛頭天王，而牛頭天王其實就是素戔嗚尊。也就是說，他與《簠簋內傳》等牛頭天王的神話做了連結，甚至斷言《簠簋內傳》肯定是陰陽道祖師安倍晴明的著作（《牛頭天王曆神辨》）。這些都足以說明，平田篤胤與「陰陽道」世界十分接近。

接下來，我要介紹一位串起平田篤胤與土御門家連結的人物。

「齊政館」的門生——鶴峯戊申

文化十三年（一八一六），一名土御門家的門人前來拜訪平田篤胤。他是鶴峯戊申，當時二十九歲的年輕學者。究竟他有什麼來歷呢？

鶴峯戊申（一七八八～一八五九年）出生於豐後國臼杵祇園社的神主之家，是一位兼修國學、窮理學、天文學、曆術的傑出國學家。在學習國學及神道的過程中，鶴峯戊申發現西洋天文學、曆學與「古傳說」之間的關係，後來於文化六年（一八〇九）到京都時，進入土御門晴親的私塾，而這間私塾正是土御門家為推廣天文學、曆學等知識所創立的「齊政館」。揭示這間「齊政館」在土御門家「陰陽道」歷史上具有重要意義的，是梅田千尋老師的研究（梅田千尋，二〇〇九年）。接下來就根據梅田老師的研究，介紹一下齊政館的情況。

在文化、文政、天保這段江戶時代末期，入門土御門家的人已不再侷限於狹義的「陰陽師」，而是包括許多對天文學等有興趣的在野學者及知識分子。尤其幕府加強對「阿蘭陀書籍翻譯物」的控制，使得幕府天文方成為壟斷西洋知識的排外機構，土御門家因此成為學習天文學和曆術的重要據點。更重要的是，土御門家是承傳自朝廷陰陽寮、安倍晴明的「傳統世家」，具有「司天家」這個官方頭銜，地位早就超越了私塾。在那些對天文學和曆術感興趣的在野學者心目中，拜入土御門家的齊政館門下，意味著獲得一份權威認證，這與民間陰陽師透過獲得土御門家的認證而得到身分保障的情況相似。

在文化、文政到天保的時代裡，齊政館培養出許多活躍於幕末地方社會的民間學者。這些門生不僅學習天體觀測技術，還掌握了測量技術等實用知識，有些人在慶應元年（一八六五）的「長州再征」時，以「算術測量方」身分參軍並擔任砲術指導。此外，齊政館還發揮了某種「出版社」的功能，透過出版物讓地方的知識文化更加活躍。

此外，阿波藩士兼曆算家小出修喜，也在齊政館學習最新的西洋天文學知識「消長法」（麻田剛立創立的曆學，闡述一年的長度會隨著時間發生微小變化，因此，日蝕與月蝕的發生周期等天文常數，會隨著歲月的推移而緩慢變化）。在幕府的天文方，消長法被列為「極祕之傳」，未經許可不能學習。因此小出修喜選擇拜入土御門家，經過學習後被任命為師範代，獲准查閱土御門家所藏的「消長法」文本，並撰寫《丁西元曆》一書，後來更擔任齊政館的學頭。由此可知，土御門家的門生不再是過去的「陰陽師」，而是成為在野學者學習最新天文學與曆學的重要據點。鶴峯戊申正是這樣一名在野學者，拜入土御門家，與平田篤胤相遇。

平田篤胤與鶴峯戊申的深層關係

平田篤胤與特地來訪的土御門家門人鶴峯戊申似乎一見如故，兩人意氣相投。據說，平田篤胤還與友人一同陪鶴峯戊申共進晚餐，相談甚歡。最重要的是，當時平田篤胤正致力於將「古傳說」與西洋天文學、地理學等進行統整，而鶴峯戊申帶來的《本教異聞》一書，其研究方法正好與平田篤胤一致。此外，鶴峯戊申也詳細閱讀了平田篤胤的《靈能真柱》，兩人因此成為互相敬重的朋友。

然而，後來天保三年（一八三二），鶴峯戊申再次前往江戶與平田篤胤見面時，卻遭到平田篤胤單方面的斥責，最終兩人關係決裂。鶴峯戊申在《天之真柱》中，將《古事記》中的「國尚稚嫩，猶如浮脂，搖曳徘徊於九重天宇之下……」解釋為地動說，而平田篤胤認為這明顯是根據他的學說，鶴峯戊申卻隻字未提來由，於是指責鶴峯戊申剽竊他的研究成果（藤原暹，一九七三年）。

學術上的原創性問題往往難以界定，而當時鶴峯戊申已經出版了許多著作，或許這點讓平田篤胤心生嫉妒。此外，鶴峯戊申後來正式在水戶藩的弘道館任職，也或許他與水戶藩的良好關係，讓身為「浪人」的平田篤胤既羨又妒。

值得一提的是，平田篤胤也很想進入水戶藩的弘道館任職，甚至透過藤田東湖前往「拜見」水戶藩主德川齊昭（諡號烈公），但最終因幕府的干預而未能如願（渡邊金造，一九四二年）。此外，天保十一年（一八四〇），平田篤胤因撰寫《天朝無窮曆》而受到司天台的審問，並因《大扶桑國考》遭幕府責備，最終在天保十二年（一八四一）被禁止著述，並且趕出江戶（天保十四年〔一八四三〕去世）。相對於這樣的平田篤胤，鶴峯戊申則在水戶藩擔任弘道館的天文學教授，順利實現了功成名就。兩人的「人生」似乎有著根本上的不同。

無論如何，平田篤胤與鶴峯戊申的交往與決裂，顯示出土御門家的陰陽道在江戶時代後期至幕末，發展出與傳統「陰陽師」活動截然不同的新風貌。

土御門家門人鶴峯戊申所任職的水戶藩弘道館，正是幕末尊王攘夷思想的中心。眾所周知，長州尊攘派的理論奠基者吉田松陰也曾在水戶學習，且對他的思想轉變影響甚大。而土御門家的門人在這樣的水戶藩中任職，並教授天文觀測等尖端技術這件事，算是一段鮮為人知的歷史真相吧。

然而，經歷了幕末的動盪與明治維新之後，在「近代日本」的歷史舞台上，陰陽師這一角色終究消失不見了……

第五章　陰陽師的近代景況與折口信夫的研究

陰陽師的明治維新

明治三年（一八七〇）閏十月十七日，太政官頒布「禁天社神道土御門家免許」的公告，世人稱為「陰陽道禁止令」。自此，土御門家無法再把各地的民間宗教者當成「陰陽師」來支配，「陰陽師」逐漸自歷史的舞台上消失。

「陰陽師禁止令」是明治政府推動「神道國教化」政策的一部分，包括神佛分離令、修驗道廢止、取締禁厭祈禱[1]的醫療行為等，旨在根除被認為是「淫祠邪教」的活動（木場明志，一九九二年）。換句話說，這是為了清除與「文明開化」背道而馳的迷信、低俗行為而做的先鋒措施。

然而，明治三年頒布「陰陽師禁止令」的背景中，還存在另一個重要的問題（林

1　譯註：用來驅邪避凶的咒術。

淳，二〇〇五年）。明治五年（一八七二）開始採用太陽曆（新曆）後，一直以太陰太陽曆（舊曆）為基礎的陰陽道便澈底失去存在意義了。

當然，即使在江戶時代，土御門家依然試圖將西洋天文學融入「陰陽道」中，但新時代的趨勢已遠遠超出土御門家的能力。

尤其最大的因素是，土御門家所頒發的「陰陽師」身分認證，在新政府推行的「四民平等」即戶籍改革措施中，已經喪失其特權保障的意義。失去土御門家身分保障的地方陰陽師，他們之後的命運又是如何呢？有些人幸運地獲得「神職」或「僧侶」身分，這些身分是由明治政府保障的；而未能獲得此類身分的人，則加入了教派神道。「教派神道」是指脫離「國家神道」（神社神道）的框架，並且喪失或隱藏宗教性的一種神道系宗教團體。在明治初期，已有所謂的「神道十三派」成立。

例如，在土佐藩傳承獨立系陰陽師系譜的「伊邪那岐流太夫」，也在維新後加入於明治九年（一八七六）成立的教派神道之一「神道修成派」。這個團體主要由祈禱系的宗教人士組成，根據小松和彥老師的說法，「伊邪那岐流太夫」的自我認識及稱號，或許就是在加入教派神道團體後才覺醒般地發展出來的（小松和彥，二〇一一年）。可以說，這也是「陰陽師」在近代的一種身影吧。

齋藤勵的《王朝時代之陰陽道》與柳田國男

在邁向近代化的日本社會中，「陰陽道」與「陰陽師」已逐漸消失於歷史舞台。然而，隨著人們對於從明治末期到大正時代這個近代化路線的懷疑與批判，陰陽道又變成一種學術研究對象而重新出現了。這件事的起點正是大正四年（一九一五）出版的《王朝時代之陰陽道》（鄉土研究社出版），作者為齋藤勵。這本書是以他提交給東京帝國大學文科大學（國史學專修）的畢業論文為基礎，內容包含以下章節：

第一章：闡述陰陽五行說在漢土的起源與發展，進而探討陰陽道的本質
第二章：我國上古思想界與陰陽道的傳來
第三章：陰陽寮的官制及其教育制度
第四章：陰陽道的達人與傳播狀況
第五章：天文道與天文占卜
第六章：曆道與曆占
第七章：陰陽道與筮式方術
第八章：陰陽道中的祭祀與祓禊
第九章：災異與祥瑞

第十章：闡述年號的起源及改元的動機，並探討寧樂平安兩朝思想的差異

這本書藉由史料來揭示陰陽道的面貌，包括從中國的陰陽五行說發展，乃至傳入日本後在「王朝時代」（平安時代）所進行的多樣化活動形態等，其研究成果中，有不少見解至今依然適用。

進一步探討本書出版的時代背景，我們可以看出，「陰陽道」的研究與當時的時代動向息息相關，很能反映出當時的社會情境。

在明治新時代，「陰陽道」被視為迷信，應予以撲滅。在此背景下研究「陰陽道」，無疑是一種違背政府政策的危險行為。然而，到了明治三〇年代後期，本居宣長、平田篤胤等學者讓國學逐漸與現實的政治運動脫鉤，轉變成單純的一門「學問」，於是陰陽道得以從應該被文明國家撲滅的「迷信」框架中解放出來。齋藤勵的著作正是這方面的先驅研究成果（水口幹記，二〇〇七年）。而其背後因素，則是明治國家逐漸發展成一個近代化「國民國家」這個歷史趨勢。

話說，齋藤勵的《王朝時代之陰陽道》是由柳田國男主辦的鄉土研究社出版，屬於該社的「甲寅叢書」之一。卷首的凡例中特別提到：「本書之出版，全賴柳田國男老師的完全支持與建言……」，顯示身為叢書編輯委員代表的柳田國男有多麼希望出

版此書才能順利付梓（水口幹記，二〇〇七年）。

這件事，與柳田國男在大正時期陸續撰寫關於民間宗教者的論考有關，例如〈塚與森的故事〉（一九一二年）、〈巫女考〉（一九一三年）、〈毛坊主考〉（一九一四年）、〈山莊太夫考〉（一九一五年）及〈唱門師的故事〉（一九一五年）。柳田國男特別關注的民間宗教者中，有所謂「足利時代的唱門師是一種下級的博士，即陰陽師，既從事祈禱，也會在新年唱祝詞……」（〈唱門師的故事〉）這類稱為「博士」的民間陰陽師。基於這樣的興趣，他注意到了齋藤勵的畢業論文。

不過，齋藤勵的著作主題是「王朝時代」中的陰陽道探索，並未涉及柳田國男所關注的「唱門師」或「下級的博士，即陰陽師」這類民間陰陽師。而相反地，柳田國男對於《王朝時代之陰陽道》所考察的古代陰陽道歷史與信仰史並沒有太大的興趣，當時他的研究重點是在探討「邊緣民間宗教者」（林淳，二〇〇五年）的社會實態。

在此背景下，折口信夫登場了。關於柳田國男與折口信夫在學術內容上的差異，歷來已有相當多的討論，而在「陰陽道」的問題上，兩人的差異同樣明顯。我們接著看下去吧。

折口信夫的「陰陽道」研究

提到折口信夫的陰陽道（陰陽師）研究，最著名的當屬討論安倍晴明出生傳說的〈信太妻的故事〉。這篇論文發表於大正十三年（一九二四）的《三田評論》中，探討在淨瑠璃與歌舞伎中頗為知名的「葛葉子別」劇目，也就是安倍晴明的出生傳說。折口信夫從安倍晴明母親是信太妖狐的傳說出發，討論了異類婚姻譚、族外婚的起源以及異鄉意識的發展，並分析漂泊宗教者生成這些傳說的歷程（武田比呂男，二〇〇二年），堪稱是一篇孕育出「折口學」關鍵概念的論文。文中多次提及柳田國男的名字，例如：「柳田國男先生所考察的『禿』，或稱『毛房主』……」等（〈信太妻的故事〉新全集2），強調自己的研究是在繼承柳田國男對民間宗教者的研究。

這樣的研究興趣，也展現在折口信夫的其他論文中。例如：

> 唱門師（即寺中賤役聲聞師）後化身為法師陰陽師之貌，以千秋萬歲為其要務。（〈國文學之發生（第四稿）〉新全集1）

> 自陰陽師、唱門師，至唱頌地神經之盲僧與田樂法師，皆傳唱咒言，以叱逐家內田園之害物、疾疫與惡事。（〈翁之發生〉新全集2）

要研究四處遊走的民間宗教人士及表演藝人，就無法忽略陰陽師與唱門師的存在。可以說，折口信夫就是以這些人為起點來展開「稀人論」與「乞食者論」的（齋藤英喜，二〇一九年）。

到這裡為止，都在柳田國男早期研究主題的範疇中，但折口信夫進一步從執行者這個角度探討了陰陽道的信仰史系譜。

日本之陰陽道，有宮廷陰陽道博士所司者，亦有民間寺僧所司者。僧侶因親歷支那，得其信仰見識，故支那民間之信仰傳於寺中，與陰陽道並行，遂與佛教不可區別。宮廷陰陽道之博士拘於事務，學問因之固陋，無復生氣。是故，僧侶之陰陽道大行，且與佛教及支那民間信仰相融合，信仰亦因之廣被，益加盛行。

（《年中行事》新全集17）

折口信夫闡述「日本的陰陽道」有兩個系統，一個屬於律令國家的官職，即隸屬陰陽寮的「陰陽道博士」所創立，也就是賀茂保憲與安倍晴明等官員創立的陰陽道；

另一個則是由「民間寺僧」掌管的陰陽道。換句話說，「日本的陰陽道」分為「宮廷的陰陽道」與「僧侶的陰陽道」兩大系統，且後者更深入民間社會，也更加活躍。

儘管折口信夫的論述缺乏具體史料，且語氣多為斷定表現，但他所提出的「陰陽道」兩個系統仍有一定的歷史依據（小坂真二，一九八七年；橋本政良，一九七八年；山下克明，一九九六年）。

陰陽道的基礎知識，如曆法、天文、地理、占術等，最早是由擁有「親歷支那，得其信仰見識」的僧侶傳入（《日本書紀》推古天皇十年〔六〇二〕百濟僧人觀勒之記載）。此外，奈良時期的陰陽寮中，有大量還俗的前僧侶從事相關職務（《續日本紀》和銅七年〔七一四〕等）。到了平安時代中期，陰陽寮確立「陰陽道」這一名稱和概念，並與密教占星術《宿曜經》，以及冥道供、六字河臨法、尊星王法等密教修法進行重要的交流，促使陰陽道與佛教在貴族社會中相互交融與競爭。

然而，折口信夫認為，陰陽寮官員只是執行「事務」而已，並未深入發展「學問」。真正具有「生氣」的是「僧侶的陰陽道」，是這個陰陽道與民間信仰相融合後，才在社會上廣泛傳播開來。

那麼，什麼是「僧侶的陰陽道」？它指的是與陰陽寮分開運作的「法師陰陽師」或稱「陰陽法師」。他們與柳田國男所關注的「唱門師」有關，早在平安時代的貴族社會就有活動了。然而，一如「法師冠紙為帽，自稱博士，故為人所憎。」（紫式部集）、「（不堪入目之事）法師陰陽師之冠紙帽而行祓」（枕草子）所示，這些人在紫式部、清少納言等貴族女性的心目中，是令人厭惡、忌避的存在。事實上，的確有不少法師陰陽師涉入詛咒事件（《政事要略》寬弘五年〔一〇〇八〕等）。《今昔物語集》等民間故事集中，也都有提到這些人黑暗的一面。

近年來，根據繁田信一老師對「法師陰陽師」實態的詳細研究，得知法師陰陽師並非僅接受詛咒委託業務，中下層貴族也會請他們進行日常的祓禊與占卜（繁田信一，二〇〇四年）。像安倍晴明這種等級的陰陽師，只有藤原實資、藤原道長等上層貴族才會雇用。到了戰後的一九五〇年代，野田幸三郎率先探討陰陽道，指出法師陰陽師的活動「不同於（陰陽）寮所職掌的陰陽道，另成一個新的陰陽道系統」（野田幸三郎，一九五五年）。這正是折口信夫所說的「僧侶的陰陽道」，這一系統展現了陰陽道的宗教深度。

折口信夫的論述經常未引用史料或未觸及先行研究，不符合現代學術規範而受到批評。確實，這種批評有其道理，然而，我們不應忽視他在看似隨意的論述中，指出了許多對陰陽道研究來說十分重要的問題。

與「佛家之陰陽道」有關的《簠簋內傳》

就在重新閱讀折口信夫的論文時，我看到了這段文字：

> 維持民間神道之力，實為陰陽道之方式也。陰陽道之影響，未可言其未涉於神社。勿寧，民間陰陽道漸固其基，後滲入神社神道中，成為其中強盛要素之痕跡可見。譬如吉田之神道即是也。吾國除陰陽博士之傳統外，尚有一脈似為最有力者，乃佛家之陰陽道流派也。陰陽道之學者，至鎌倉以後，無論何者，皆曾一度受佛家之陰陽道洗禮。
>
> （《民間信仰與神社》新全集20）

維持民間神道的力量，其實正是「陰陽道之方式」。這個痕跡，可以在中世的「吉田之神道」中發現……折口信夫的陰陽道研究，竟然連結到中世的神道研究了。這段錯綜複雜的敘述背後，究竟有什麼樣的「歷史」根據呢？以下，讓我們基於近年的研究，一起來解讀這段論述吧。

根據折口信夫的說法，鎌倉時代以後，隸屬宮廷陰陽寮的「陰陽道之學者」，都曾接受過「佛家之陰陽道」的洗禮。這是什麼意思呢？

例如，在室町時代，「陰陽道之學者」賀茂在方編纂了一部記述曆法與方位禁忌的書《曆林問答集》（應永二十一年（一四一四））。根據序文所述，近年來「愚師野巫之僻說」在坊間流傳，導致曆注知識混亂，該書的編纂動機便是為了對抗這些僻說，闡明「正理」。這裡的「愚師野巫之僻說」，指的就是有別於宮廷陰陽道的民間陰陽道，也就是折口信夫口中的「佛家之陰陽道流派」所宣說的曆法禁忌。一如近年馬場真理子老師所揭示的，其實指的就是《簠簋內傳》的說法（馬場真理子，二〇一七年）。也就是說，賀茂家的「陰陽道之學者」所編纂的《曆林問答集》中，其實隱含著以《簠簋內傳》為代表的「佛家之陰陽道」的「洗禮」（詳見第三章）。

那麼，為什麼是「佛家之陰陽道」呢？在《簠簋內傳》中，基於牛頭天王的傳說（詳見第三章「探究《簠簋抄》與《簠簋內傳》的起源」），認為牛頭天王就是「天道神」，是一尊方位與日時皆吉祥的萬事大吉之神。其妻波梨采女為「歲德神」，即惠方[2]之神；兩人的子女八王子則是「八將神」（大歲、大將軍、大陰、歲刑、歲破、歲殺、黃幡、豹尾神）這些方位與曆法之神。此外，歡迎牛頭天王的蘇民將來，也被稱為「天德神」，是一尊大吉方位之神。而被牛頭天王殲滅的巨旦將來則是「金神方位之神」，

2 譯註：吉利的方向。

如果侵犯了這個方位，將會引發「金神七殺」，導致七名鄰居遭到殺害，是最為凶惡的方位神。

由此可見，《簠簋內傳》不僅僅描述祇園御靈會的緣起，裡面出現的神祇也被對應為陰陽道中的曆法神祇。《簠簋內傳》其實是一部記錄曆法禁忌的曆注書（林淳，二〇〇一年），牛頭天王等神祇被重新詮釋為「曆神」。

更重要的是，牛頭天王帶來的瘟疫被描述為：「濁世末代的眾生必然沉迷於三毒，煩惱增長，四大失調，遭受寒熱二病。」（中村璋八《日本陰陽道書之研究》第五章〈關於《簠簋內傳》〉）。「三毒」是佛教用語，意指貪欲、嗔恚、愚癡。這些會增長「煩惱」，導致「四大失調」，即身體中的地、水、火、風四元素失衡而引發疾病。因此，《簠簋內傳》所描繪的瘟疫觀念，「深深反映出佛教的世界觀」（鈴木耕太郎，二〇一九年）。可說這無疑就是「佛家之陰陽道流派」了。

再進一步看，當眾生的疾病被解釋為「三毒」、「煩惱」與「四大失調」，這反映了中世信仰中的「代受苦」機制，即神祇因眾生的三毒而承受「三熱」的折磨（山本弘子，一九九三年）。許多承受三熱的神祇以「蛇體」或「龍畜」的形象出現。在這裡，我們可以重新思考牛頭天王為何以「牛頭」的畜類形象出現。中世的神祇被視為「三毒體現之愚癡眾生貌」（山本弘子，一九九三年），因此牛頭天王以恐怖的「牛頭」畜類形象出現，而他的妻子是「娑竭羅龍王的第三女」，即龍女，其中便蘊含著代替眾生承受「三毒」之苦的意象。也就是說，這是一種神祇化身為龍畜樣貌代替人們承受苦難的思想。而透過「外奉五節祭禮，內收二十六祕文，須信敬之」這種對神祇的絕對皈依與祭禮實踐，人們便能獲得牛頭天王的庇護，免於瘟疫（齋藤英喜，二〇二一年）。由此可見，《簠簋內傳》這部屬於「佛家之陰陽道」的作品中，內涵著中世神佛習合的世界觀。

中世神道與陰陽道的關聯

回到折口信夫的論述，他指出「佛家之陰陽道」逐漸向「民間之神道」擴展，並提及具體的例子「吉田之神道」。可見陰陽道的問題，與佛教以及中世神道之間有著深刻的關聯（小池淳一，二〇一一年）。

「吉田之神道」起源於古代神祇官中的「卜部」家族。自平安時代中期以來，卜部家族與占卜之術息息相關，參與宮中祭祀、古儀研究，並進行《日本書紀》的學術研究，最終建立出一個學術之家（岡田莊司，一九九四年）。該家族的學術成果，在鎌倉時代中後期由卜部兼方編纂的《釋日本紀》達到巔峰。他們被稱為「日本記（紀）

之家」（太平記）。而繼承這門學問，將之進一步發展成「神道」教義的，正是室町時期的卜部。他們因世襲京都吉田神社的神職而自稱「吉田」，代表人物正是吉田兼俱，是「吉田神道」的集大成者。

傳統的神道史研究認為，吉田神道為對抗佛教而提出「反本地垂迹說」（認為神是「本地」，即本質，佛菩薩只是「垂迹」，即現象，與佛教的觀點相反），在佛教色彩濃厚的中世神道中占有獨特地位。然而，折口信夫指出：

表面雖似斥佛家之見，然吉田神道之基礎，部分實乃取用研究《日本紀》之佛家知識，與之並進而成。

（〈民間信仰與神社〉新全集20）

吉田神道看似排斥佛教，實際上它的部分基礎來自「佛家對《日本書紀》的研究知識」。正是對中世神道的這般關注，開啟了近年對「中世日本紀」的研究風潮（伊藤正義，一九七二年；山本弘子，一九九八年；原克昭，二〇一一年；小川豐生，二〇一四年；阿部泰郎，二〇二〇年）。中世時期，對《日本書紀》的注釋與研究，主要是由真言宗與天台宗的僧侶擔綱，如劒阿的《日本紀私抄》、良遍的《日本書紀卷第一聞書》與《神代卷私見聞》、慈遍的《舊事本紀玄義》、道祥與春瑜所抄寫的《日本書紀私見聞》，還有了與聖冏的《日本書紀私鈔》等。折口信夫指出，乍見彷彿排斥佛教的吉田神道，實際上吸收了這些佛教僧侶對《日本書紀》的研究成果。

進一步查看吉田兼俱對《日本書紀》的注釋與講解，一如：「其盤古者，素戔嗚尊之事也。於唐，稱牛頭天皇，亦曰無塔天神。」（《神書聞塵》神道大系），他主張《簠簋內傳》中的牛頭天王與「素戔嗚尊」為同一神祇，又如：「於天竺，祭之為金比羅神，或為摩多羅神。皆素戔嗚尊也。」透過將素戔嗚尊與多尊異國神祇同體化，闡明「神道」在三國世界（天竺、震旦、本朝）[3]中的根源地位。因此，吉田神道不僅吸收佛教，也融入陰陽道的知識，形成獨特的神道理論。

此外，岡田莊司老師指出，吉田神道的祭祀中，存在許多「疫神祭、星祭、宇賀神祭、勝軍治要加持次第、七夕祭、招魂祭、鎮火加持次第、昆蟲行事、神道牛馬祭行事、井水祭等與陰陽道系祭祀相似的儀式」，這些儀式已經變成「私人的祭祀」而逐漸滲透到地方的村落中（岡田莊司，一九九四年）。這恰好「證實」了折口信夫的主張：「維持民間神道之力，實為陰陽道之方式也……譬如吉田之神道即是也。」（〈民

3　譯註：「天竺」、「震旦」、「本朝」分別是古代日本對印度、中國，以及自身的稱呼。

間信仰與神社〉新全集20)。此外，作為「陰陽道之學者」的賀茂在盛，也曾向吉田兼俱學習「神道」(中村璋八，一九八五年)。吉田神道與陰陽道的關係，是個值得更深入探討的課題。

如上所述，折口信夫的「陰陽道(陰陽師)」研究，不僅大幅超越了單純關注民間宗教者的民俗學範疇，還對日本宗教史的研究產生廣泛的影響。尤其值得注意的是，他透過「佛家之陰陽道」來重新審視過去對「神道」的認識。例如，他指出:「即使所謂純粹之日本神道，意外地亦有此等外來之知識滲入其中。」(〈古代人思維之基礎〉新全集3)，相對於過去人們認為「神道」是純粹的本土信仰，這種說法則是提供了一個不同的視角。其背後因素是他在進行「以文學與藝術為中心」的研究過程中，逐漸意識到這些研究實際上「也與神道史之研究相契合」(〈神道中展現之民族論理〉新全集3)(齋藤英喜，二〇一九年)。

折口信夫的「陰陽道」研究，其實與他面對的近代神道有著密切的聯繫。接下來，我們一起驗證看看吧。

近代「神道」的動向

折口信夫的論文〈民間信仰與神社〉是他針對「陰陽道」所做的研究，發表於昭和四年（一九二九）的《神道講座》中。這部《神道講座》是為了紀念昭和四年十月舉行的伊勢神宮第五十八屆「式年遷宮」而由神道考究會編輯而成，但實際的監修者是當時內務省神社局的考證課長宮地直一（西田長男，一九八一年）。在此之前，昭和三年（一九二八），昭和天皇的即位大嘗祭已經舉行。折口信夫在大嘗祭期間，撰寫了著名的〈大嘗祭之本義〉。

阪本是丸指出，自昭和三年的大嘗祭與昭和四年的伊勢神宮式年遷宮祭以來，「神道意識形態用語」開始在社會上廣泛流傳（阪本是丸，二〇一六年）。這個過程發生在「御大典」的慶祝氣氛中，但其背後發生了幾件事，例如日本共產黨員的大規模逮捕事件（三一五事件）、緊急敕令下的治安維持法「修正」（增加死刑與無期徒刑）、內務省特別高等警察課（特高）的設置、文部省學生課的設置等，換言之，「思想控制」的時代開始了。可以說，大正時期以後，不論在精神上、思想上或階層上，社會都處於分裂狀態，「神道用語」就被用來當成重新統合國民的利器了。

在這樣的時代背景下，折口信夫對「神道」的言論具有重要意義。他說：

余謂「神道」之名，於世間流行者，非為彰顯神道之光榮所設。寧為佛家視為一種天部、提婆之道，即為異端之道，對「法」而稱之為「道」也。

此名似有如是淵源。

（〈神道中展現之民族論理〉新全集3）

這段話刊登於昭和三年（一九二八）由神道學會發行的神道學研究專刊《神道學雜誌》中。當時，折口信夫擔任國學院大學的教授，該校是近代國學復興的重要據點，致力於培養神社神職人員。由這樣一位人物說出「非為彰顯神道之光榮」這樣的話，無疑令人驚訝。

接下來，他解釋了「神道」一詞在《日本書紀》中的出現情況。《日本書紀》中有三個例子：

・天皇信奉佛法，且尊崇神道（用命天皇即位前紀）
・尊佛法而輕神道（孝德天皇即位前紀）
・孝德天皇詔曰「惟神」，注云：「惟神者，謂遵循神道，亦謂自然而有神道也。」（孝德天皇大化三年四月）

在《日本書紀》中，「神道」被置於「佛法」之下，表示的是一種與佛法對立的天部或提婆之道，即異端之道，象徵被佛法鎮壓的邪惡之物或土地的精靈（馬克·提文，二〇〇八年）。此外，「神道」在歷史上與「佛教神道」、「陰陽師神道」、「唱門師神道」、「修驗神道」、「神事舞太夫」、「各地的宗教集團」等民間宗教者緊密連結，於是被譏為「一種令人厭惡的模樣」。

在這裡，我們應該注意折口信夫在思想史上的立場。他觀察到，在一個「神道用語」被當作國民統合工具的時代，除了「神道」一詞變成「令人厭惡的模樣」外，「神道」也是在不斷結合地方各種信仰及民間宗教者中逐漸發展起來的。換言之，相對於昭和初期被用來當成國民統合與思想控制工具的「神道」，折口信夫採取的是另一種不同的認知立場。不難看出，他對「陰陽道」的關注，必與這樣的認知密不可分吧。

近代國家中的神社，基於「神社乃國家之宗祀」（明治四年）這一基本論點，雖然經歷過政策上的變革，依舊與「國體」思想緊密相連而貫徹實施下去（阪本是丸，一九九四年）。特別是在昭和初期，「神社」的地位與經過大嘗祭（即「神皇歸一」，天皇與神一體化）儀式而神格化的天皇相連結，進一步強化了它超越法律的強制力。在這個背景下形成一種以神社為基礎的神道，即神社神道。這一體系的基本認知是，神社的神職擁有歷史悠久的傳統。

然而，折口信夫直指這樣的認知，無法普遍適用於歷史：

今日神社或神職之部分，若追溯至二、三代前之傳統，所謂神社神道家所持之純然者，究竟尚存幾何？或為宮寺別當，或為陰陽師配下、唱門徒之後、修驗法印、神事舞太夫出身者多矣。於此過程中，神社神道之純粹性，究竟得以何等程度之保存，實為問題也。

（〈民間信仰與神社〉新全集20）

在近代，「神社神道」的擔當者，若追溯至「二、三代前之傳統」，其實並非「純然」的神職身分。在近代以前，他們多為宮寺的主管、陰陽師的隨從、唱門師、修驗者，或神事舞太夫等背景出身。因此，將「神社神道」視為純粹的神道，是近代以後才有的觀念。折口信夫直截了當地表明：「以明治之神社為基礎之神道觀，實乃起源甚新之物也。」（〈民間信仰與神社〉新全集20）。折口信夫的論述，隱含了對「神社神道」與國家結合而逐漸世俗化及權力化的批判，然而，這也同時反映出他希望重振神道作為宗教的意圖。追求神道的宗教性，促使他進一步關注對「民間神道」有所影響的陰陽道，尤其是「佛家之陰陽道」。

大正四年（一九一五），齋藤勵的《王朝時代之陰陽道》出版，與此同時，折口信夫也在柳田國男主辦的《鄉土研究》雜誌上發表了他的出道論文《髯籠的故事》。這篇論文被視為定義民俗學「依代」的重要里程碑，文中寫道：「今諸神困於慈悲之牢獄，已失其恢復神性與擴展之喜矣。」(〈民間信仰與神社〉新全集2)對近代神社(慈悲之牢獄)及神道的違和做了一番批判。事實上，對「依代」問題的探討，成為他尋找不同於神社神道(近代神道)的神靈存在形式的起點(齋藤英喜，二〇一九年)。

近代神職的另一種面貌

折口信夫指出，在近代神社的神職中，「若追溯至二、三代前之傳統」，不免要懷疑其是否為純然的神職，因為他們的祖先中，有不少人是「陰陽師配下、唱門徒之後、修驗法印、神事舞太夫」。對於強調「傳統」的近代「神社神主」，折口信夫採取的是對立的觀點。最後，我們要從「伊邪那岐流」的實例來驗證他的觀點。

說到高知舊物部村(今香美市物部町)的「伊邪那岐流」，透過小松和彥老師的研究，我們知道它算是民間陰陽師的一種殘存形態。我們從「太夫」這種宗教人士所朗誦的「咒詛分離」及「式王子」的法文，可以看出已在地方上扎根的民間系陰陽師面貌(詳見斷章)。

話說，伊邪那岐流太夫所居住的舊物部村附近，有一個大豐町，那裡流傳的祭文與伊邪那岐流不同，而且有些人與物部的太夫有所交流。在大豐町岩原地區，有一個名叫岡崎常盤的人，出生於幕末的文久元年（一八六一），在明治及大正年間擔任當地神社的神職人員（根據岡崎家的資料，顯示其獲得梅野光興老師的協助）。岡崎家所保存的文件中，有標註「明治四十五年」（一九一二）、「社掌兼權中教監 三等司業岡崎常盤」的資料，顯示他同時擔任神官與教導之職，以及「大正貳年（一九一三）四月廿一日 內務省令：神社法令改正規則……」等資料，這些都與當時負責神社行政業務的內務省神社局的神社法令有關。由此可見，這個人的確是近代的神社神主。

不過，如果考察他的祖先，會發現一個名叫岡崎長門的人，出生於江戶後期的寬政十二年（一八〇〇），一般認為他是陰陽師彌太夫的長子。這正是折口信夫所謂的「一二三代前」為陰陽師的例子。值得一提的是，從「長門」與「常盤」這兩個名字來看，可以看出在近世時期，他們為了擔任神職都納入吉田家的支配下，據傳還有來自吉田家的裁可狀（資格證）。由此不難推測當時陰陽師與神職之間的勢力之爭了。

更有趣的是，岡崎常盤這名神社神主，在明治三十二年（一八九九）負責當地神社的祭禮業務，曾主持一種名為「松神樂」的儀式。他有一本《松神樂祭式行事作法》，裡面記載了與松神樂相關的「松之本地」祭文，當中描述了「天照皇太神與素戔嗚尊，爭兄弟之位，競日月之光，幽居於天磐之時……」的中世岩戶神話，還有描述一名因罪孽變成蛇而痛苦的母親，最後藉由神樂而得以平復的故事。一般認為，「松神樂」與中世的淨土神樂系譜有關（岩田勝，一九八三年），而從祭文中可以讀出由神祇代為受苦的信仰機制，算是一篇很重要的「中世神樂」祭文（齋藤英喜，二〇一八年）。這一信仰亦與之前介紹過的《簠簋內傳》相呼應。

另外，岡崎常盤的藏書《祝詞集》中，也收錄了名為「地神咒詛神鎮祭祝詞」的祝詞，用以鎮壓咒詛神。從這裡我們可以看出一個事實，即執行神樂的神主同時也進行與詛咒相關的病人祈禱。換句話說，近代土佐的神社神主既是中世神樂的實修者，同時也是進行病人祈禱的祈禱師，而他的祖先是「陰陽師」，這個事實無疑印證了折口信夫的論述。

另一方面，舊物部村的伊邪那岐流太夫，到了近代很少人成為神職人員，大多數都是加入明治九年（一八七六）創立的教派神道之一「神道修成派」，以此躲避近代的宗教管制（小松和彥，二〇一一年）。透過加入教派神道，伊邪那岐流的祈禱活動才得以保持下來。

在明治政府的禁令下，陰陽道已失去存在及活動的舞台，然而在地方社會的現場，它確實以各種形式存活了下來（木場明志，一九九二年）。伊邪那岐流的存在便是其中一個例證。折口信夫的陰陽道研究，透過與民間信仰現場的交叉比對，將近代所封殺的陰陽道、修驗道以及民間神道的真實面貌呈現出來了。

＊＊＊

「陰陽道」在學術界曾一度消聲匿跡，但在一九七〇年代以後，隨著戰後高度經濟成長路線的減速，「反近代主義」思潮興起，尤其在八〇年代後期的後現代思想氛圍中，「陰陽道」再度成為關注的焦點，而這件事與柳田國男和折口信夫對它的「重新評論」有關。

因此，陰陽道的研究，與幾乎同時期進行的修驗道、中世神道（中世神話）等新興研究動向相互連結，並且突破了以往神道史、佛教史或神佛習合史等的傳統框架。這一研究潮流為「宗教史」研究開拓了新的可能性，並由年輕一代的研究者逐步開創出新的學術領域。

終章　從「安倍晴明熱潮」邁向未來

在世紀末到新世紀之間，「陰陽道」的研究之所以再次活躍，其中一個因素是當時席捲日本列島的「安倍晴明熱潮」及「陰陽師熱潮」。畢竟學術研究無法完全與社會動向脫離關係。

那麼，為什麼在世紀末至新世紀的轉折點，「陰陽師」會成為一股熱潮呢？《*AERA*》雜誌在熱潮巔峰期使用了這樣的標語：「現代人無法處理內心的黑暗，因此尋求深知黑暗的陰陽師來解救自己。」（《*AERA*》，二〇〇〇年五月二十二日號），這句標語可說是這股熱潮最具象徵性的註解。陰陽師驅逐鬼怪和惡靈的活動，教會都市中的年輕人如何控制壓抑不了的心靈與負面情緒。

另外，夢枕獏的小說《陰陽師》系列，以及改編自該小說的岡野玲子的漫畫《陰陽師》（一九九四～二〇〇五年），進一步推動了這股熱潮。此外，臨床心理師岩宮惠子表示，當她面對在學校這個「異界」中遭遇「惡魔」攻擊的孩子時，發現自己能從對抗「惡魔」的陰陽師安倍晴明身上學到許多，她對這部作品的世界產生高度的共鳴，並進行了細緻的解讀（岩宮惠子，二〇〇〇年）。

岩宮惠子認為，陰陽師安倍晴明的立場可以解讀為「既對鬼怪表現出深刻的理解，又能保持淡定的態度與之共存」，這與臨床心理師面對青春期孩子的「心魔」時所採取的態度有相通之處。順帶一提，岩宮惠子和岡野玲子曾進行過對談，確認彼此在這個問題上的「共鳴」（岩宮惠子與岡野玲子，二〇〇一年）。換句話說，由「次文化」所主導的「陰陽師熱潮」，在更深的層面裡，其實包含了一部分被稱為「療癒」或「治療」的軟性靈修世界。

再進一步考察它與時代的關聯，可以發現，從八〇年代後半開始的「靈異熱潮」與「精神世界熱潮」，被一九九五年的「奧姆真理教事件」全數封印後，年輕人為滿足對「靈性」事物的渴望，便轉而開始關注「陰陽師」。尤其奧姆真理教事件凸顯出「宗教」的集體性及拘束性所帶來的危險，而「陰陽師」不追求組織或集團化的特性，算是它的一種新魅力吧。

陰陽師熱潮的背後，網際網路的普及也有推波助瀾的作用。例如樂在解開岡野版《陰陽師》故事中各種「謎題」的粉絲網站「橘花亭」（たちはな亭），以及從生命傳說來解讀「日本歷史」不為人知一面的網站「闇之日本史」（闇の日本史）等，在在擴展了新的粉絲群體。

此外，一九九〇年代的「靈性」追求，不再偏重於宗教性的「救贖」或「療癒」，而是轉向「自我變革」這個主題。這也反映在岡野玲子的《陰陽師》漫畫中，該作品逐漸超越夢枕獏的原作，將安倍晴明的故事轉變為「魔術師晴明」的自我變革故事。岡野玲子版的《陰陽師》將「陰陽道」世界擴展到了「昆達里尼瑜伽」、「塔羅牌占術」、「鍊金術」、「埃及神話」，甚至是「日本神話」與「伊勢神宮」的世界了（齋藤英喜，二〇〇四年）。

我們或許可以將岡野玲子版的《陰陽師》世界，視為偏離傳統陰陽道的一種純屬虛構之作，但是，一路跟著本書探索歷史上陰陽師各種活動的讀者應該已經明白，所謂的「陰陽道」並非一成不變的傳統文化。從安倍晴明開始，歷史上的陰陽師一直在與當代最新的學問、知識和信仰較量，並在與它們競爭的過程中，不斷創造出屬於自己的「陰陽道」。從這個角度來看，岡野玲子版《陰陽師》中的安倍晴明，是一個在二十一世紀這個未知時代中躍然而出的全新「陰陽師」形象。

然而……我們的時代已經進入二〇一一年的「三一一大地震」，以及自二〇二〇年開始的新冠疫情所帶來的全新世界。在這個無法單純以自然災害與核災事故這種

「自然與文明」二元對立來描述的全新時代，天上閃耀的群星正在發送什麼樣的訊息呢？我們且等待新時代的「陰陽師」登場，解讀其中的奧義了。

後記

陰陽師與安倍晴明的大熱潮，距今應該過去了十多年。當時，我仍記得書店裡堆滿了陰陽師相關書籍。儘管這股熱潮早已消退，有人或許會疑惑，為何如今又要出「陰陽師書籍」呢？但我希望抱持這種疑問的人，更應該好好閱讀本書。

本書是根據熱潮之前就已累積出來的陰陽道與安倍晴明相關研究成果，然後再加入我個人的最新研究與見解。那些在熱潮中首次認識陰陽師或安倍晴明的人，相信閱讀本書後，將遇見一個完全不同的「陰陽師」世界。

說到陰陽師或安倍晴明，人們大概會先聯想到平安時代那個燦爛輝煌的貴族世界吧？也許還會說出一些常見的描述，例如：「在平安京中蠢蠢欲動的妖魔與黑暗世界。」然而，本書探討的不僅限於平安時代，還延伸至鎌倉、南北朝、室町、戰國時代，甚至涵蓋到江戶時代、近代乃至現代。可見「陰陽師」的身影貫穿了整個日本歷史，他們在不同時期都扮演了重要的歷史角色。透過「陰陽師」來看「日本史」，我們將看到一個有別以往的「日本史」風貌。

如果各位在閱讀本書後，想進一步了解安倍晴明，可以參考我的其他著作，如《安倍晴明——陰陽達者》（Minerva書房）。若對陰陽道與神祇的關係感興趣，可以參考《增補 陰陽道眾神》（思文閣出版）。而如果你被「伊邪那岐流」的深奧世界所吸引，那麼推薦《增補 伊邪那岐流 祭文與儀禮》（法藏館）等。本書也可作為引導你進入這些專業書籍的橋梁。

對我來說，撰寫這本書是重新整理過去的「陰陽道」研究，並發掘出新問題的一段過程，是非常刺激的一種體驗。尤其是在第四章的後半部分，本居宣長與平田篤胤居然登場了！我才剛寫過關於《古事記》在日本歷史上的接受理論，並在其中提到這兩位學者（《異貌的古事記》，青土社），根本沒料到在陰陽師的書中會再度把他們請出來。不過，透過他們而重新認識到「陰陽道」世界的博大精深，這點連我自己都「感動不已」。

本書的誕生可追溯至角川選書之一的《妖怪學始祖 井上圓了》一書，作者為菊地章太老師。我因為寫了這本書的書評而結識角川學藝出版的編輯堀由紀子女士。回想起來，角川書店雜誌《怪》的編輯梅澤一孔先生也曾要我撰寫一篇〈陰陽師，觀星〉的短文。這一切最終都成為本書的推手。只是，我延遲了最初的預定出版日期，造成堀女士的困擾與擔憂，真的十分抱歉。

不過，堀女士雖是理科背景，卻是一位「熱愛妖怪」的編輯，她對本書草稿的評論與提問，讓本書的內容更為通俗易懂。校對人員為本書做了仔細的校正，給予我相當大的幫助。本書的製作，讓我再次深刻體會到，一本書的誕生是作者與編輯共同合作的結晶。此外，關於京都的地名與事項，則得力於齋藤陽子的協助，在此也對她表達感謝。

最後，由衷希望這些「陰陽師」的未知世界與歷史，能夠分享給更多的讀者知道。

二〇一四年九月，於晴明神社祭典前夕的京都

齋藤　英喜

新書出版說明

本書是二〇一四年出版的角川選書《陰陽師的日本史》的新書版本。特別不同的是新增了〈第五章　陰陽師的近代景況與折口信夫的研究〉。因為我最近的研究主題集中在「折口信夫」以及「近代的神道史」，故而將這些新的研究成果納入其中。

自明治三年頒布「陰陽道禁止令」後，陰陽師的身影已消失於近代日本社會中，但在學術界，「陰陽道」的研究依然持續進展，我除了介紹知名民俗學者兼國文學者折口信夫對陰陽道及陰陽師的研究，也談到了在「伊邪那岐流」傳承地高知縣舊物部村隔壁的大豐町，岡崎這個神職家族與陰陽師的關係。

折口信夫的研究正好補足了〈第三章　中世時期，局勢動亂中的陰陽師〉的內容。雖然這部分或許稍微專業了些，但聽說角川新書的讀者中有很多歷史迷，相信這些新的研究成果會引起他們的興趣才是。

畢竟距二〇一四年出版的角川選書版本已經過了九年，有些人可能會覺得陰陽師與安倍晴明已經不新鮮了。然而，隨著二〇二〇年全球爆發新冠疫情，「陰陽師安倍晴明」再度受到電視界與媒體界的關注。

例如，NHK BS Premium節目《英雄的選擇》播出〈陰陽師安倍晴明　平安京英雄的誕生〉，同樣是NHK BS Premium節目《Cosmic Front☆Next》則播出了「古代天文學家 安倍晴明」。我也參與了這些節目的製作協助與演出。

特別是在《Cosmic Front☆Next》節目中，陰陽道研究先進山下克明老師擔任解說，介紹了古代的天文觀測方法及天文占術，非常專業。這些內容的高度專業性獲得好評，於是製作了國際版並在海外播出。值得一提的是，在「重現劇」中，曾在NHK電視劇《陰陽師》（改編自夢枕獏的小說）中飾演安倍晴明的稻垣吾郎再次扮演晴明，還特別演繹他的晚年身影，令吾郎迷欣喜不已。

此外，舞台劇《INSPIRE 陰陽師》（山田淳也執導）也在二〇二〇年除夕於日生劇場上演，由大澤隆夫飾演安倍晴明，我也為舞台劇的宣傳手冊撰寫了〈陰陽平衡失序時〉一文。

安倍晴明的重新登場，無疑反映出大眾希望袚除「新冠疫情」這種不安與限制的心情。

另一方面，陰陽道研究在這九年間也有了重大進展。尤其是在二〇一五年，山下克明老師、梅田千尋老師、赤澤晴彥老師和我共同成立「陰陽道史研究會」，每年定期舉行兩次研究會，為與陰陽道相關的研究者提供交流平台，意義重大（其實陰陽道研究並沒有正式的「學會」……）。這個研究會也編輯出版《東亞的咒術與學術——東亞遊學》（勉誠出版，二〇二二年），書中彙集了咒術、學術，以及陰陽道與「東亞」咒術、宗教世界關係的最新研究成果。

此外，自由左派思想雜誌《現代思想》（二〇二一年五月特刊，青土社）也專題討論了陰陽道，將陰陽道與修驗道作為一組進行探討，解釋兩者的交集與區別，吸引很多關心陰陽道、修驗道的讀者。

然而，陰陽道研究中最新且最重要的成果，莫過於由林淳、細井浩志、赤澤晴彥、梅田千尋、小池淳一等諸位老師擔任編輯委員的《新陰陽道叢書》全五卷（名著出版）。這套叢書無疑承襲自《陰陽道叢書》（村山修一等編，名著出版），並將後續開展的陰陽道研究成果，按古代、中世、近世、民俗與傳說，以及專題論述等整理匯編而成。

我的《陰陽師的日本史》就是在這樣的背景下，以全新面貌重新登場。本書的企劃與編輯工作，仍由角川選書版的學藝非小說編輯部堀由紀子女士負責，能在疫情後再次與她合作，我深表感謝。我們都盡了全力。

對了，這點可不能忘記。二〇二四年的NHK大河劇終於要迎來安倍晴明登場了，希望藉此機會，能讓更多的讀者透過本書深入了解陰陽道與安倍晴明。

二〇二三年十月　終於感受到秋意的京都

齋藤　英喜

引用資料、參考文獻

《延喜式》　新訂增補國史大系　吉川弘文館
《令集解》　新訂增補國史大系　吉川弘文館
《類聚國史》　新訂增補國史大系　吉川弘文館
《本朝世紀》　新訂增補國史大系　吉川弘文館
《日本三代實錄》　新訂增補國史大系　吉川弘文館
《枕草子》　新日本古典文學大系　岩波書店
《權記》　史料纂集　續群書類從完成會
《小右記》　大日本古記錄　岩波書店
《親信卿記》　續群書類從・記錄部　續群書類從完成會
《朝野群載》　新訂增補國史大系　吉川弘文館
《中臣祓訓解》　日本思想大系・中世神道論　岩波書店

《平家物語》　日本古典文學全集　小學館
《玉葉》　國書刊行會
《曆林問答集》　日本陰陽道書之研究　汲古書院
《神書聞塵》　神道大系・古典註釋編　神道大系編纂會
《祇園牛頭天王緣起》室町時代物語大成　角川書店
《簠簋內傳》　續群書類從第31輯上　續群書類從完成會
《簠簋內傳（天理圖書館吉田文庫藏本）》　日本古典偽書叢刊3　現代思潮新社
《陰陽雜書》、《陰陽略書》　日本陰陽道書之研究　汲古書院
《御神祭文集書物》、《敷大子行書物》　中尾計佐清太夫之藏書
《垂加翁神說》日本的思想・神道思想集　筑摩書房
《瓊矛拾遺》　大日本文庫・垂加神道　上　春陽堂
《古事記傳》、《真曆考》、《真曆不審考辨》　本居宣長全集　筑摩書房
《印度藏志》、《牛頭天王曆神辨》　新修・平田篤胤全集　名著出版
《天之真柱》　鶴峯戊申之基礎研究　櫻楓社

赤澤春彥《鎌倉期官人陰陽師之研究》，吉川弘文館，二〇一一年
阿部泰郎《中世日本之王權神話》，名古屋大學出版會，二〇二〇年
鮎澤信太郎《地理學史之研究》，一九四八年（復刻版‧原書房，一九八〇年）
伊藤正義〈中世日本紀之輪廓〉（《文學》一九七二年十月號）
出雲晶子編著《星之文化史辭典》，白水社，二〇一二年
今谷明《室町之王權》，中公新書，一九九〇年
岩宮惠子〈思春期之啟蒙儀式〉（河合隼雄編《講座心理療法1　心理療法與入會儀式》，岩波書店，二〇〇〇年）
岩田勝《神樂源流考》，名著出版，一九八三年
梅田千尋〈江戶時代之晴明靈社祭〉（晴明神社編《安倍晴明公》，講談社，二〇〇二年）
梅田千尋《近世陰陽道組織之研究》，吉川弘文館，二〇〇九年
海老澤有道《南蠻學統之研究》，創文社，一九五八年
Éliphas Lévi《高等魔術之教理與祭儀　教理篇》（生田耕作譯），人文書院，一九八二年
遠藤潤《平田國學與近世社會》，Perikansha Publishing，二〇〇八年

大石良材《日本王權之成立》，塙書房，一九七五年
大久保正《本居宣長全集 第八卷》〈解題〉，筑摩書房，一九七二年
大日方克己《古代國家與年中行事》，吉川弘文館，一九九三年
岡田莊司〈陰陽道祭祀之成立與展開〉，一九八四年（村山修一等編《陰陽道叢書
1古代》，名著出版，一九九一年再錄。後改為岡田莊司《平安時代之國
家與祭祀》，續群書類從完成會，一九九四年）
岡野玲子著／夢枕獏原作《陰陽師》（白泉社，一九九九～二〇〇五年）
岡野玲子、岩宮惠子對談（《Da Vinci》，二〇〇一年十月號，Media Factory）
小川豐生〈座談會 十五世紀之文學 第三提起〉（《文學》，二〇〇八年五、六月號）
《中世日本之神話、文字、身體》，森話社，二〇一四年
折口信夫〈水之女〉，一九二七～一九二八年，《折口信夫全集》第二卷，中央公論社，
一九九五年
〈國文學之發生（第四稿）〉（原著一九二七年，《折口信夫全集》第一卷，
中央公論社，一九九五年）
〈翁之發生〉（原著一九二八年，《折口信夫全集》第二卷，中央公論社，
一九九五年）

〈年中行事〉（原著一九三〇年，《折口信夫全集》第十七卷，中央公論社，一九九六年）
〈民間信仰與神社〉（原著一九二九年，《折口信夫全集》第二十卷，中央公論社，一九九六年）
〈神道中出現之民族論理〉（原著一九二八年，《折口信夫全集》第三卷，中央公論社，一九九五年）
小和田哲男《咒術與占星之戰國史》，新潮選書，一九九八年
桂島宣弘《自他認識之思想史》，有志舍，二〇〇八年
金井德子〈金神忌之發生〉，一九五四年（村山修一等編《陰陽道叢書 1古代》，名著出版，一九九一年再錄）
金澤正大〈關東天文、陰陽道成立之考察〉，一九七四年（村山修一等編《陰陽道叢書 2中世》，名著出版，一九九三年）再錄
岸俊男〈《庚申》與刀劍〉、《遺跡、遺物與古代史學》，吉川弘文館，一九八〇年
木場明志〈近世土御門家之陰陽師支配與配下陰陽師〉，一九八二年（村山修一等編《陰陽道叢書 3近世》，名著出版，一九九二年）
〈明治以後之土御門系陰陽師〉（《宗教民俗研究》二號，一九九二年）

〈曆道賀茂家斷絕之事〉，一九八五年（村山修一等編《陰陽道叢書 2中世》，名著出版，一九九三年）再錄

〈近世日本之陰陽道〉（村山修一等編《陰陽道叢書 3近世》，名著出版，一九九二年）

黑田日出男《王之身體 王之肖像》，平凡社，一九九三年

小池淳一《陰陽道之歷史民俗學研究》（角川學藝出版，二〇一一年）

小坂真二〈陰陽道之成立與展開〉，一九八七年（《古代史研究之最前線》第四卷，雄山閣，一九八七年）

〈古代、中世之占卜〉（村山修一等編《陰陽道叢書 4特論》，名著出版，一九九三年）

《安倍晴明撰〈占事略決〉與陰陽道》，汲古書院，二〇〇四年

小林一岳《元寇與南北朝之動亂》，吉川弘文館，二〇〇九年

小松和彥《憑靈信仰論》，傳統與現代社，一九八二年。後改為講談社學術文庫，一九九四年

〈伊邪那岐流祭文研究覺帖、咒詛之祭文〉（《春秋》，一九九四年四月、五月號）

齊藤國治《星之古記錄》，岩波新書，一九八二年
齋藤英喜《伊邪那岐流之研究》，角川學藝出版，二〇一一年
《天照大神之深探》，新曜社，一九九六年
《天照大神——最崇高神祇之不為人知祕史》，學研新書，二〇一一年
《伊邪那岐流　祭文與儀式》，法藏館，二〇〇二年
《安倍晴明——成為陰陽之達者》，Minerva書房，二〇〇四年
〈追尋常陸出生傳說〉（《週刊神社紀行　別冊　探訪安倍晴明》，學習研究社，二〇〇三年）
〈民俗宗教之靈性——從「陰陽師熱潮」與「伊邪那岐流」的世界談起〉（第二十回國際佛教文化學術會議執行委員會編《生命論與靈性文化》，二〇〇九年，思文閣出版）
〈咒詛神之祭文與儀禮〉（松本郁代與Lucia Dolce編《儀禮之力量》，法藏館，二〇一〇年）
《人們如何解讀古事記？》，吉川弘文館，二〇一二年a
《增補　陰陽道之神祇》，思文閣出版，二〇一二年b
〈伊邪那岐流祭文與中世神話——以中尾計佐清太夫本《金神方位之神祭

文》為主〉（佛教大學《歷史學部論集》，二〇一四年a）
《異貌之古事記》，青土社，二〇一四年b
〈神樂中的佛教——來自中世神樂現場〉（《現代思想》二〇一八年十月臨時增刊號）、〈中世藝能與荒神信仰——來自中世神樂現場〉（《悠久》第一五五號，二〇一八年）
《折口信夫 神性的擴張與復活的喜悅》，Minerva書房，二〇一九年
〈作為曆神的牛頭天王〉（小池淳一編《新陰陽道叢書 第四卷 民俗、說話》，名著出版，二〇二一年）
齋藤勵《王朝時代之陰陽道》（原著一九一五年，名著刊行會，二〇〇七年）
櫻井好朗《祭儀與注釋》，吉川弘文館，一九九三年
佐佐木馨〈鎌倉幕府與陰陽道〉（佐伯有清編《日本古代中世之政治與宗教》，吉川弘文館，二〇〇二年）
阪本是丸《國家神道形成過程之研究》，岩波書店，一九九四年
〈昭和前期之「神道與社會」素描——以神道意識形態用語為主軸〉（國學院大學研究開發推進中心編《昭和前期之神道與社會》，弘文堂，二〇一六年）

澤田瑞穗《地獄變》，法藏館，一九六八年
繁田信一《陰陽師與貴族社會》，吉川弘文館，二〇〇四年
下出積與《日本古代之道教、陰陽道與神祇》，吉川弘文館，一九九七年
新川哲雄〈鎌倉與京都之陰陽道〉（日本思想史懇話會編《季刊　日本思想史》第五八號，二〇〇一年）
末柄豐〈應仁、文明之亂以後的室町幕府與陰陽道〉（《東京大學史料編纂所研究紀要》六號，一九九六年）
鈴木一馨〈式神之起源〉（駒澤宗教學研究會編《宗教學論集》二〇號，一九九八年）
《陰陽道》，講談社選書 métier，二〇〇二年
鈴木耕太郎《牛頭天王信仰之中世發展》，法藏館，二〇一九年
瀨田勝哉《洛中洛外之群像》，平凡社，一九九四年
高木啟夫《伊邪那岐流御祈禱之研究》，高知縣文化財團，一九九六年
高倉達雄監修《現代天文學小事典》，講談社 bluebacks，一九八三年
武田比呂男〈〈安倍晴明〉故事之生成〉（齋藤、武田合編《〈安倍晴明〉之文化學》，新紀元社，二〇〇二年）

〈《信太妻的故事》之周邊——晴明傳承與折口信夫〉（齋藤、武田合編《〈安倍晴明〉之文化學》，新紀元社，二〇〇二年）

Mark Teeuwen〈神祇、神道（Jindō）與神道（Shinto）——探尋〈神道〉之概念史〉（彌永信美譯，《文學》第九卷第二號，二〇〇八年）

田中久夫〈法道仙人與播磨之陰陽師〉，一九八四年（村山修一等編《陰陽道叢書 2中世》，名著出版，一九九三年）

田山令史〈本居宣長的天文思想〉（日本宗教研究中心《*CSJR Newsletter*》，二〇〇九年）

次田潤《祝詞新講》，明治書院，一九二七年

戶田雄介〈鎌倉幕府之宿曜師〉（《佛教大學大學院紀要》三五號，二〇〇七年）

富田正弘〈室町時代之祈禱與公武統一政權〉，一九七八年（村山修一等編《陰陽道叢書 2中世》，名著出版，一九九三年）再錄

中村璋八《日本陰陽道書之研究》，汲古書院，一九八五年

中村士《江戶之天文學者——在星空中翱翔》，技術評論社，二〇〇八年

西內雅〈澀川春海之研究〉（《谷秦山之學》，富山房，一九四五年）

西田長男〈《神道講座》覆刻版解題〉（神道攷究會編《神道講座 第一卷 神社篇》，原

書房，一九八一年）
西山良平《都市平安京》，京都大學學術出版會，二〇〇四年
野田幸三郎〈陰陽道之成立〉，一九五三年（村山修一等編《陰陽道叢書　1古代》，名著出版，一九九一年）
橋本政良〈勅命還俗與方技官僚之形成〉，一九七八年（村山修一等編《陰陽道叢書　1古代》，名著出版，一九九一年）
服部英雄《河原者、非人與秀吉》，山川出版社，二〇一二年
馬場真理子〈曆法之「正理」——以《曆林問答集》的曆注解釋為中心〉（《東京大學宗教學年報》三四號，二〇一七年）
原克昭《中世日本紀論考》，法藏館，二〇一二年
林淳〈簠簋內傳〉（日本佛教研究會編《日本佛教之文獻指南》，法藏館，二〇〇一年）
《近世陰陽道之研究》，吉川弘文館，二〇〇五年
《天文方與陰陽道》，山川出版社，二〇〇六年
速水侑《平安貴族社會與佛教》，吉川弘文館，一九七五年
平山優《檢證　長篠合戰》，吉川弘文館，二〇一四年
福永光司《道教思想史研究》，岩波書店，一九八七年

Premoselli Giorgio〈有國說話與泰山府君祭〉，日本文學協會研究發表會，二〇一四年七月，口頭發表
藤田覺《江戶時代之天皇》，講談社，二〇一一年
藤原暹《鶴峯戊申之基礎研究》，櫻楓社，一九七三年
增尾伸一郎〈泰山府君祭與「冥界十二神」之形成〉（田中純男編《死後之世界》，東洋書林，二〇〇〇年）
松本丘《垂加神道人士與日本書紀》，弘文堂，二〇〇八年
三鬼清一郎〈普請與作事〉，一九八七年（村山修一等編《陰陽道叢書 3近世》，名著出版，一九九二年）再錄
水口幹記〈《王朝時代之陰陽道》與陰陽道研究〉（齋藤勵《王朝時代之陰陽道》，名著刊行會，二〇〇七年）
三橋正《平安時代之信仰與宗教儀禮》，續群書類從完成會，二〇〇〇年
三村太郎《天文學之誕生》，岩波書店，二〇一〇年
村山修一《日本陰陽道史總說》，塙書房，一九八一年
室田辰雄〈關於《文肝秒》所收荒神祓之考察〉（《佛教大學大學院紀要》三五號，二〇〇七年）

桃裕行〈日延之符天曆齎來〉，一九六九年（《曆法之研究　下》，思文閣出版，一九九〇年）
〈宿曜道與宿曜勘文〉，一九七五年（《曆法之研究 下》，思文閣出版，一九九〇年）
〈關於本居宣長之《真曆考》〉，一九七二年（《曆法之研究 下》，思文閣出版，一九九〇年）
森茂曉〈大內氏與陰陽道〉（《日本歷史》，一九九六年十二月號）
柳田國男〈唱門師的故事〉（《定本　柳田國男集》第九卷，筑摩書房，一九六九年）
柳原敏昭〈室町政權與陰陽道〉，一九八八年（村山修一等編《陰陽道叢書　2中世》，名著出版，一九九三年）再錄
矢野道雄《密教占星術》，東京美術，一九八六年
《占星之文化交流史》，勁章書房，二〇〇四年
藪內清《中國之天文曆法　增補改訂版》，平凡社，一九九〇年
〈西洋天文學之影響〉（日本學士院日本科學史刊行會編《明治前　日本天文學史》，日本學術振興會，一九六〇年）

山尾悠子〈夢的棲居之城〉（《山尾悠子作品集成》，國書刊行會，二〇〇〇年）
山折哲雄《日本人之靈魂觀》，河出書房新社，一九七六年
山下克明《平安時代之宗教文化與陰陽道》，岩田書院，一九九六年
〈安倍晴明之《土御門之家》與晴明傳承〉（林淳、小池淳一編著《陰陽道之講義》，嵯峨野書院，二〇〇二年）
〈安倍晴明之宅邸與其傳領〉（《日本歷史》六三二號，二〇〇一年）
《陰陽道之發現》，NHK出版，二〇一〇年
山下克明、真下美彌子〈簠簋內傳金烏玉兔集〉（《日本古典偽書叢刊 第三卷》，現代思潮新社，二〇〇四年）
山田邦和《日本中世之首都與王權都市》，文理閣，二〇一二年
山田慶兒《朱子之自然學》，岩波書店，一九七八年
山本弘子《變成譜》，春秋社，一九九三年
《中世神話》，岩波新書，一九九八年
吉田麻子《知識的共鳴 以平田篤胤為中心的書籍社會史》，PERIKAN社，二〇一二年
湯淺吉美《曆法與天文之古代中世史》，吉川弘文館，二〇〇九年

渡邊金造《平田篤胤研究》，六甲書房，一九四二年
渡邊敏夫《日本曆法》，雄山閣，一九七六年

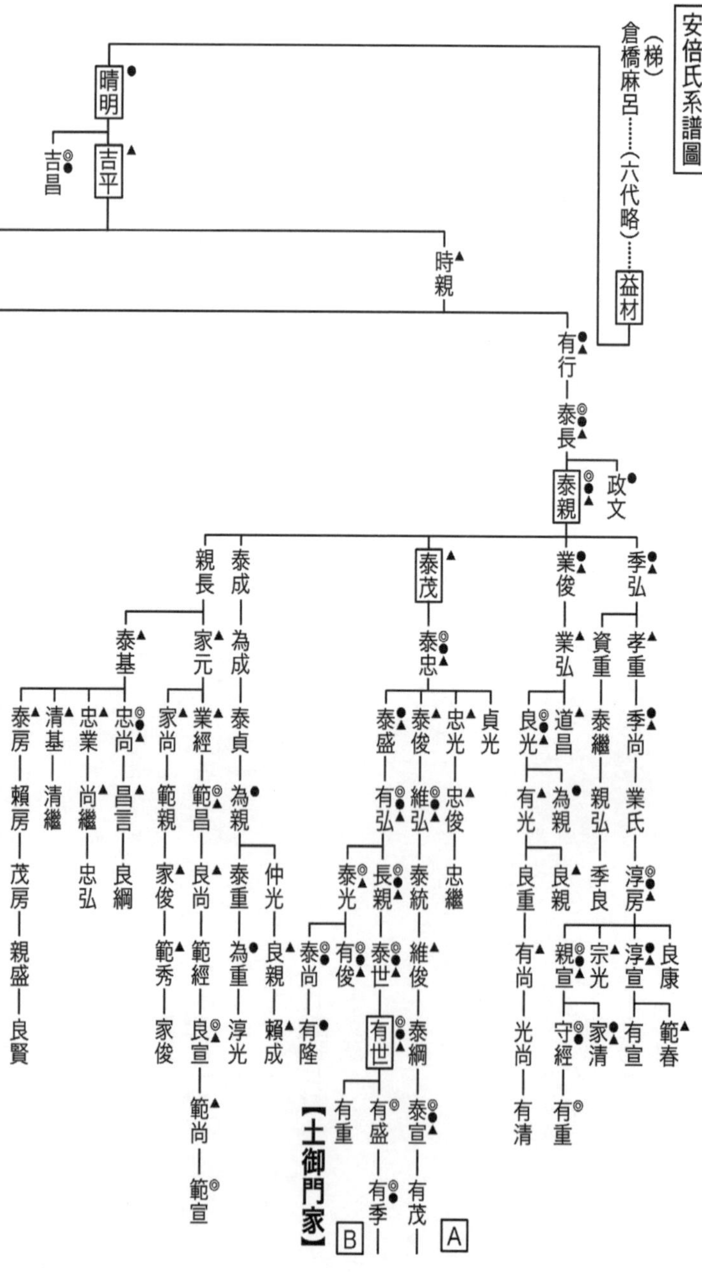
安倍氏系譜圖
（梯）倉橋麻呂……（六代略）……益材
晴明
吉平
吉昌
時親
有行
泰長
泰親
政文
季弘
業俊
泰茂
泰成
親長
孝重
資重
業弘
泰忠
為成
家元
泰基
季尚
泰繼
道昌
良光
貞光
忠光
泰俊
泰盛
泰貞
業經
家尚
忠尚
忠業
清基
泰房
業氏
親弘
為親
有光
忠俊
維弘
有弘
為親
範昌
範親
昌言
尚繼
清繼
賴房
淳房
季良
良親
良重
忠繼
泰統
長親
泰光
仲光
泰重
良尚
家俊
良綱
忠弘
茂房
良康
淳宣
宗光
親宣
有尚
維俊
泰世
有俊
泰尚
良親
為重
範經
範秀
親盛
範春
有宣
家清
守經
光尚
泰綱
有世
有隆
賴成
淳光
良宣
家俊
良賢
有重
有清
泰宣
有盛
有重
範尚
有茂
有季
範宣
A
B
【土御門家】

安倍氏系譜圖

◎＝系譜圖中記載有「陰陽頭」職位的人物。

●＝系譜圖中記載有「天文博士」、「權天文博士」等職位的人物。

▲＝系譜圖中記載有「密奏宣旨」（與「天文博士」同等）職位的人物。

名字＝本書有介紹的人物。

（摘自〈安倍晴明與陰陽道展〉圖鑑）

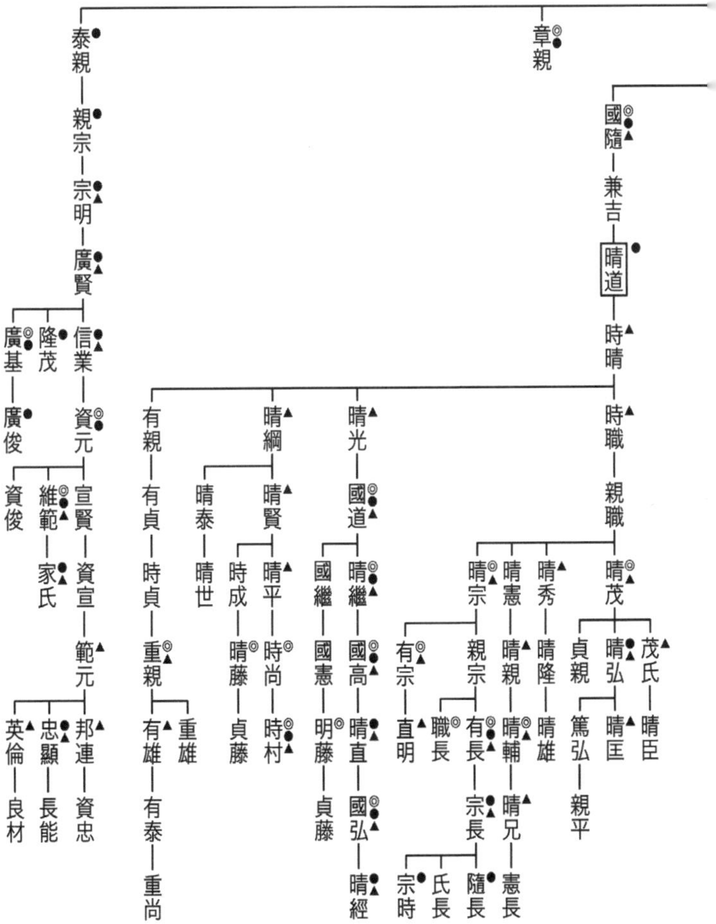

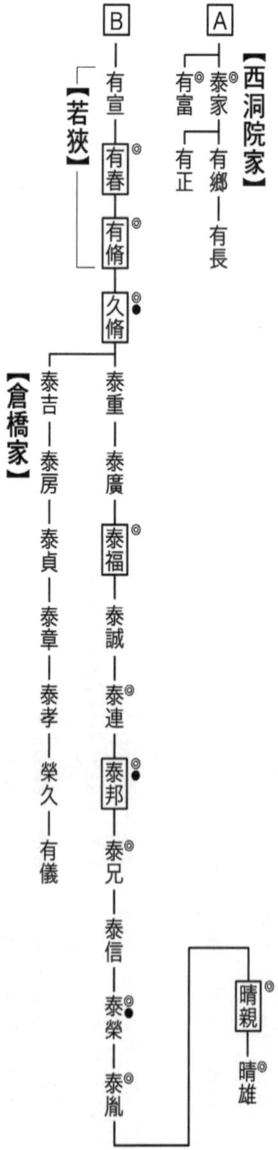
A
【西洞院家】
泰家
有富
有鄉
有正
有長
B
有宣
【若狹】
有春
有脩
久脩
泰重
泰廣
泰福
泰誠
泰連
泰邦
泰兄
泰信
泰榮
泰胤
晴親
晴雄
【倉橋家】
泰吉
泰房
泰貞
泰章
泰孝
榮久
有儀

安倍氏、賀茂氏系譜圖

賀茂氏系譜圖

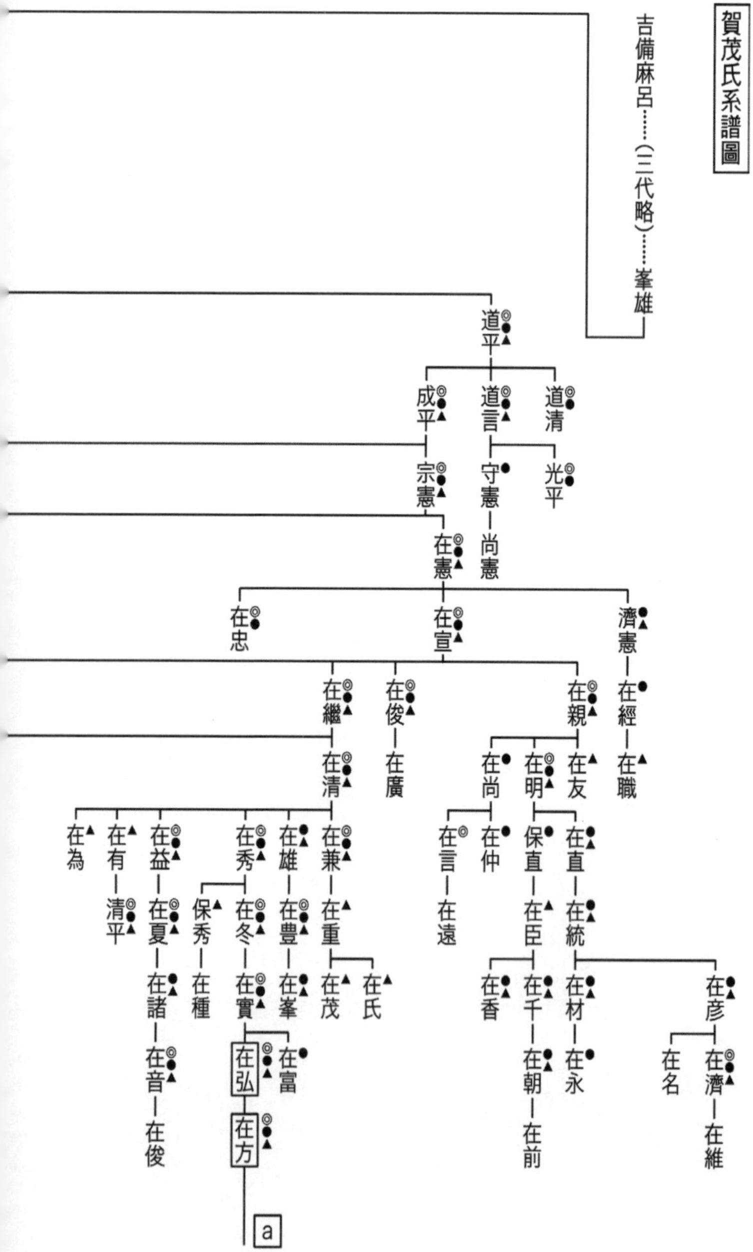
吉備麻呂……（三代略）……峯雄
道平
成平
道言
道清
宗憲
守憲
光平
尚憲
在憲
在忠
在宣
濟憲
在繼
在俊
在親
在經
在清
在廣
在尚
在明
在友
在職
在為
在有
在益
在秀
在雄
在兼
在言
在仲
保直
在直
清平
在夏
保秀
在冬
在豊
在重
在遠
在臣
在統
在諸
在種
在實
在峯
在茂
在氏
在香
在千
在材
在彦
在弘
在富
在音
在方
在朝
在永
在名
在濟
在俊
在前
在維
a

◎＝系譜圖中記載有「陰陽頭」職位的人物。
●＝系譜圖中記載有「曆博士」、「權曆博士」等職位的人物。
▲＝系譜圖中記載有「造曆宣旨」（與「曆博士」同等）職位的人物。
名字＝本書有介紹的人物。
（摘自〈安倍晴明與陰陽道展〉圖鑑）

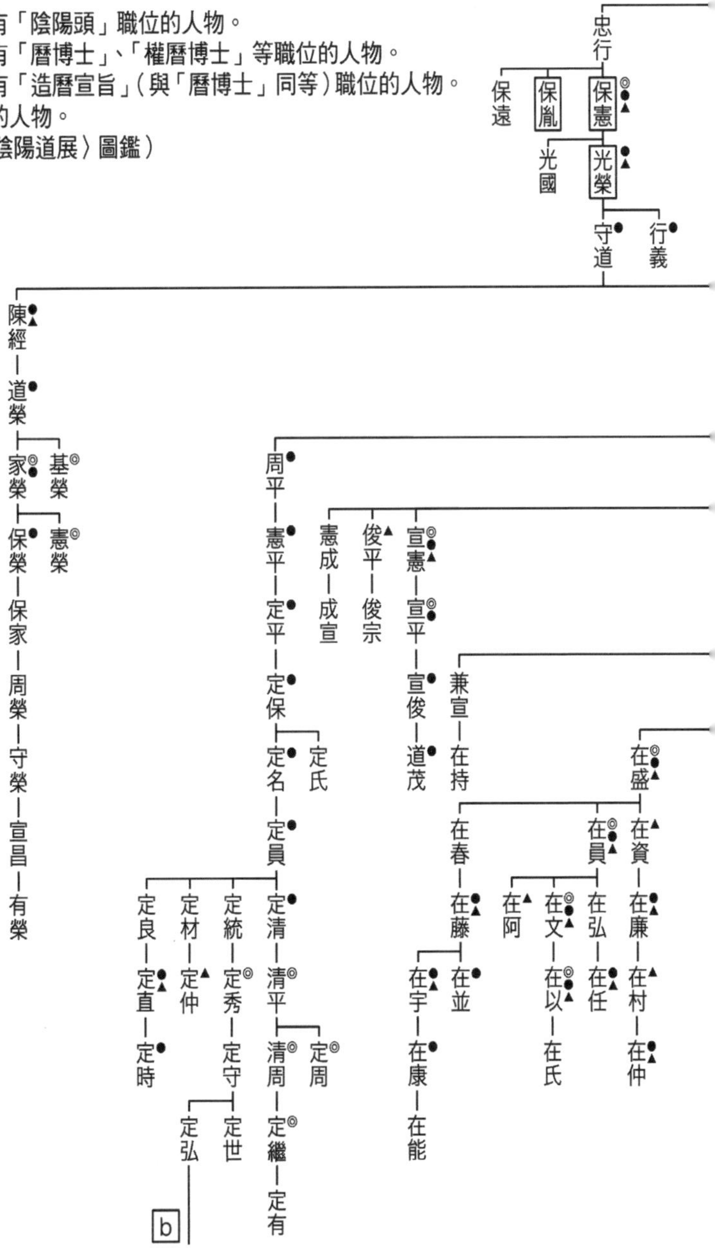

續賀茂家

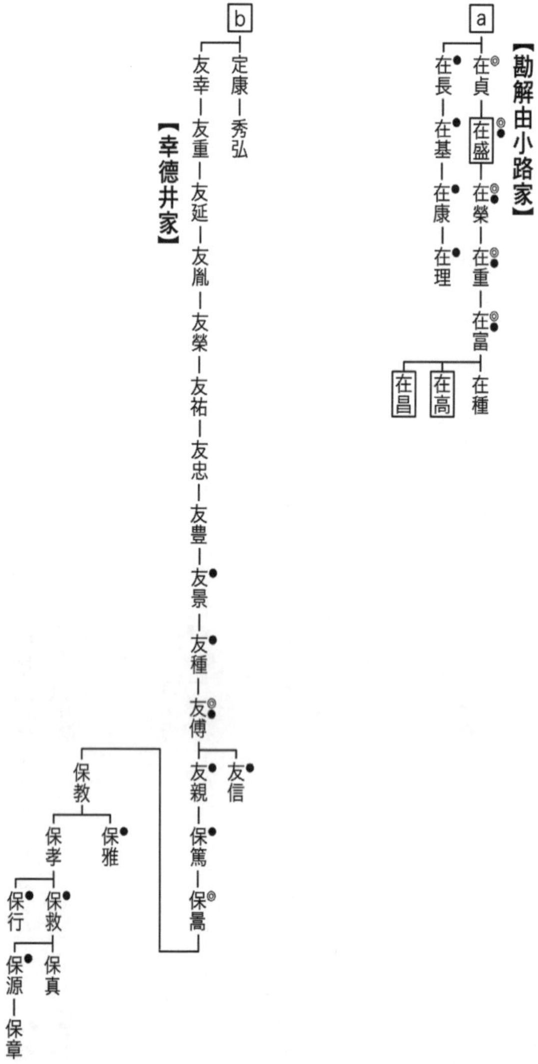
a
【勘解由小路家】
在貞
在盛
在榮
在重
在富
在種
在高
在昌
在長
在基
在康
在理
b
定康
秀弘
【幸德井家】
友幸
友重
友延
友胤
友榮
友祐
友忠
友豊
友景
友種
友傅
友信
友親
保篤
保暠
保教
保雅
保孝
保救
保行
保真
保源
保章

國家圖書館預行編目資料

陰陽師的日本史／齋藤英喜 著；林美琪 譯；
一初版.一 新北市：遠足文化事業股份有限公司，2025年3月
264面；14.8×21公分
譯自：陰陽師たちの日本史
ISBN 978-986-508-339-7（平裝）
1. 巫術 2. 陰陽五行 3. 日本史
295.2 114000638

陰陽師的日本史

陰陽師たちの日本史

作　　者　齋藤英喜
譯　　者　林美琪
責任編輯　賴譽夫
封面設計　蔡南昇
排　　版　L&W Workshop

編輯出版　遠足文化
行銷企劃　張詠晶、趙鴻祐
行銷總監　陳雅雯
副總編輯　賴譽夫
發　　行　遠足文化事業股份有限公司（讀書共和國出版集團）
23141新北市新店區民權路108之2號9樓
代表號：（02）2218-1417　傳真：（02）2218-0727
客服專線：0800-221-029　Email：service@bookrep.com.tw
郵政劃撥帳號：19504465　戶名：遠足文化事業股份有限公司
網址：http://www.bookrep.com.tw
法律顧問　華洋法律事務所　蘇文生律師
印　　製　韋懋實業有限公司
初版一刷　2025年3月

ISBN　978-986-508-339-7
定　　價　380元